ABOLIR O VALE DO SILÍCIO

AUTONOMIA
LITERÁRIA

Este livro foi publicado originalmente sob o título de *Abolish Silicon Valley: How to Liberate Technology from Capitalism*, pela Repeater Books.

Coordenação editorial
Cauê Seignemartin Ameni, Hugo Albuquerque, Manuela Beloni
Tradução: Amauri Gonzo
Revisão: Carolina Hidalgo Castelani e Hugo Maciel de Carvalho
Capa: Rodrigo Côrrea/studiocisma
Diagramação: Manuela Beloni

Dados Internacionais de Catalogação na Publicação (CIP)
(eDOC BRASIL, Belo Horizonte/MG)

L783a

Liu, Wendy
Abolir o Vale do Silício: como libertar a tecnologia do capitalismo / Wendy Liu; tradução Amauri Gonzo. – São Paulo, SP: Autonomia Literária, 2024.
260 p. : 14 x 21 cm

Título original: Abolish Silicon Valley
ISBN 978-65-5497-027-3

1. Capitalismo. 2. Indústria tecnológica. 3. Inovação. I. Gonzo, Amauri. II. Título.

CDD 320.52

Elaborado por Maurício Amormino Júnior – CRB6/2422

Autonomia Literária
Rua Conselheiro Ramalho, 945
CEP: 01325-001 São Paulo – SP
autonomialiteraria.com.br

Wendy Liu

ABOLIR O VALE DO SILÍCIO

Como libertar a tecnologia do capitalismo

Tradução de Amauri Gonzo

Autonomia Literária
2024

Sumário

PRÓLOGO 7

1. SEM MULHERES NA INTERNET 19

2. DE OLHOS ARREGALADOS 35

3. MAIS DO QUE O DINHEIRO 55

4. FINGIR ATÉ CONSEGUIR 69

5. ACELERANDO 95

6. QUEBRA 123

7. MUDANÇA 133

8. DESISTINDO 149

9. TRAÇAR UM PERFIL
ANTES DE OTIMIZAR 175

10. AMBIENTE ESTÚPIDO 199

11. UM NOVO
MODELO INDUSTRIAL 233

EPÍLOGO 257

AGRADECIMENTOS 267

Este livro é um livro de memórias. Ele reflete as lembranças atuais da autora de experiências ocorridas ao longo do tempo. Alguns nomes e características foram alterados, alguns eventos compactados e alguns diálogos recriados.

PRÓLOGO

A oposição à inovação tecnológica está punindo os pobres ao retardar o processo pelo qual eles têm acesso a coisas que antes existiam apenas para os ricos.

Marc Andreessen, cofundador da Andreessen Horowitz, empresa de capital de risco do Vale do Silício, em tuíte postado em 4 de junho de 2014 (já excluído).

O Vale do Silício é mais que uma região no norte da Califórnia que se tornou sinônimo da indústria de alta tecnologia. É um sonho.

É o sonho de um mundo com novas regras e novos governantes, baseado nos princípios da meritocracia e da eficiência e na ideia de abrir seu próprio caminho até o topo. É o sonho do ganha-ganha: inovação que gera lucro por meio de experiências sem atrito e com eficiências sinérgicas, sem exploração. É o sonho de que um playground de hackers com riqueza inimaginável e com o mínimo de supervisão externa indiscutivelmente vai tornar o mundo um lugar melhor.

Mas o que pode ser um sonho para um punhado de seletos está se tornando um pesadelo para todo o resto do mundo.

Houve um tempo em que eu acreditava inquestionavelmente no Vale do Silício. Quando adolescente, dediquei meu tempo livre aprimorando minhas habilidades de programação e absorvendo a cultura hacker; meus ídolos eram fundadores de startups e programadores de código aberto. Mesmo enquanto eu aceitava aos poucos os inúmeros problemas da indústria – quão tóxica ela poderia ser para as mulheres e as minorias, os níveis absurdos de riqueza direcionados a causas espúrias –, eu ainda a via como merecedora de seu papel alardeado. Eu realmente acreditava que a indústria estava fazendo o bem no mundo.

Logo, minha crença passou a fazer parte de minha identidade. Depois da universidade, mergulhei em uma startup na esperança de chegar a algum sucesso medido a partir da noção nebulosa do Vale do Silício. Os casos de uso de nosso produto me entediavam, mas as questões técnicas eram cativantes, e direcionei toda a minha energia para lidar com os numerosos problemas técnicos. Eu estava confiante de que eventualmente teríamos sucesso e, portanto, tudo valeria a pena.

E então um dia eu não tinha mais tanta certeza. Minha confiança em minha trajetória pessoal se esvaiu, primeiro lentamente e depois de uma vez só. Os incêndios técnicos ainda eram intensos, mas apagá-los não parecia mais urgente. A startup à qual dediquei minhas horas acordada desmoronou sob as labaredas da mediocridade. Eu a vi queimar, arder. Os restos do sonho equivocado que eu estava perseguindo se desfizeram em cinzas.

Enquanto isso, o mundo desmoronava também. Donald Trump acabara de ser eleito presidente dos Estados Unidos e, sob uma pasma consternação, fiz um esforço para me atualizar sobre tudo o que não havia notado enquanto estava submersa em minha startup fracassada. Para onde quer que eu olhasse, as coisas pareciam sombrias. Uma catástrofe ecológica após a outra. Uma crise imobiliária em quase todas as grandes cidades. Pessoas no país mais rico do mundo morrendo porque não podiam comprar insulina. Pareciam os sintomas mórbidos de uma ordem socioeconômica decadente.

Ao mesmo tempo, a indústria de tecnologia estava no centro das atenções por todos os motivos errados: uma cascata de processos de assédio sexual; empresas bilionárias construídas de maneira fraudulenta; fundadores ascendendo nas listas de bilionários enquanto a força de trabalho precarizada afundava ainda mais na pobreza. A indústria que eu presumi ser a solução era claramente parte do problema, e comecei a ver minhas escolhas anteriores sob uma nova perspectiva. Minha startup parecia menos uma tentativa audaciosa de construir algo útil e mais um ato de autoengrandecimento míope, algo que achei difícil de justificar quando comecei a prestar atenção no resto do mundo. Criar softwares derivativos para ajudar as marcas a entender melhor seus clientes parecia um mau uso de meu tempo limitado neste planeta em chamas.

Em minha desilusão, procurei respostas. Queria entender por que tudo parecia ruir e por que só agora eu estava começando a enxergar isso. No começo, eu realmente não sabia onde procurar respostas – tudo o que eu tinha eram dúvidas vagas sobre minha visão de mundo –, mas, eventualmente, me deparei com uma estrutura analítica que fazia sentido. Havia outras pessoas fazendo as mesmas perguntas, e suas respostas me ajudaram a conectar os pontos de uma forma que eu nunca havia considerado antes. Finalmente, fiz uma análise coerente que me permitiu situar meu crescente ceticismo em relação à indústria de tecnologia dentro de uma crítica mais ampla ao capitalismo.

Em primeiro lugar, por que eu fui uma crente tão fervorosa do Vale do Silício? Eu poderia apresentar todo tipo de justificativa, mas, no final das contas, era porque sabia que o Vale ocupava um lugar confortável na hierarquia econômica. E desse solo de realidade brotou toda uma árvore de racionalizações egoístas sobre quem merecia e quem não merecia, que só agora começo a botar abaixo.

Este é o livro que eu gostaria de ter tido em mãos quando comecei a me desiludir com minha startup e, logo depois, com outras, ponto final. Este é o livro que eu gostaria de ter lido quando comecei a questionar se as enormes riquezas da indústria de tecnologia eram merecidas e se era moral para mim ocupar complacentemente um lugar nela. Este é o livro que eu gostaria de ter lido quando parei de acreditar nos mitos legitimadores do Vale do Silício – os contos de fadas da vingança dos nerds, o papo cara de pau sobre meritocracia, a propaganda sobre empresas orientadas por missões e valores que resolveriam os problemas do mundo – e procurava uma nova narrativa.

Esta é uma obra sobre tecnologia, mas também é um livro sobre capitalismo – ou seja, o lado negativo do capitalismo. Em vez de tratar o capitalismo como uma força espantosa capaz de desencadear inovação, este livro foca nas consequências negativas do desenvolvimento tecnológico sob este prisma: as tendências nocivas que são ampliadas e as alternativas que são perdidas.

Entendo que esta será uma perspectiva controversa. A narrativa dominante no Vale do Silício é que a tecnologia é inseparável do capitalismo e, portanto, a inovação exige que o livre mercado controle todos os aspectos de nossas vidas. Qualquer um que sugira o contrário é tido como um ludita, alguém que, devido à malícia ou à ignorância, é contrário ao progresso tão necessário.[1] Ou você é a favor de que a indústria de tecnologia

[1] O termo "ludita", embora hoje em dia seja entendido como "oponente do progresso tecnológico", na verdade tem suas origens em um movimento histórico muito mais matizado. Apesar de os luditas serem muitas vezes caricaturados como propensos a rajadas de ódio tecnológico irracional, situar sua história no contexto político e econômico adequado revela que suas ações fazem parte de uma longa tradição de resistência dos trabalhadores que precisam lutar por si mesmos porque ninguém mais o fará. Para saber mais sobre o tema, ver: Hobsbawm, Eric. "Os Destruidores de Máquinas", em *Os trabalhadores: estudo sobre a história do operariado*. Trad. Marina

destrua qualquer um que se interponha em seu caminho ou é uma pessoa totalmente contra a inovação.

Essa é uma narrativa conveniente para o Vale do Silício, que passa a se enquadrar como sinônimo de progresso: o Vale do Silício é o prenúncio do futuro, e quem se opõe a ele fica preso no passado. Mas a escolha entre ser pró-tecnologia ou antitecnologia é um falso dilema. A indústria de tecnologia em sua forma atual - com corporações de bilhões de dólares, capitalistas de risco e alguns meninos gênios comandando o show - não é a única maneira de desenvolver tecnologia. Na verdade, o atual modelo industrial é uma traição às possibilidades libertadoras da tecnologia, já que esta, que deveria servir ao bem público, é, ao contrário, acorrentada às corporações para garantir ganhos privados. Qualquer que seja o progresso representado pelo Vale do Silício, certamente não é o tipo pelo qual deveríamos torcer.

Não sou antitecnologia; minha crítica a esse tipo de indústria vem de um lugar de amor. Respeito o ofício envolvido na construção de seus produtos e sou grata pelo que ela me deu. Mas também acredito que a tecnologia tem um potencial maior do que os empreendimentos mundanos em busca de lucro aos quais foi relegada no sistema atual. O problema não é a tecnologia em si: o problema é o capitalismo. Escondidas por debaixo das histórias sobre produtos antiéticos, avaliações infladas de ações e ambientes de trabalho tóxicos estão forças estruturais mais profundas que restringem as possibilidades do setor, de modo que mesmo os executivos mais bem-intencionados acabam tomando decisões que prejudicam as pessoas que afirmam estar servindo. Dentro dessa estrutura, a tecnologia que pode-

---

Leão Teixeira Viriato de Medeiros. Rio de Janeiro: Paz e Terra, 2000 [1952]; Thompson, E. P. *A formação da classe operária inglesa*. 12. ed. Trad. Denise Bottmann. Rio de Janeiro: Paz e Terra, 2012.

ria ter ajudado genuinamente as pessoas é, ao contrário, um acelerador das tendências mais destrutivas do capitalismo.

Abolir o Vale do Silício não significa *interromper* o desenvolvimento da tecnologia. Significa conceber uma nova maneira de desenvolver tecnologia que cumpra seu potencial transformador. Significa libertar a tecnologia das garras de um sistema irracional cujo objetivo principal é o lucro. Significa criar um mundo onde a tecnologia é desenvolvida de acordo com diferentes valores, para diferentes objetivos. Em suma, significa desenvolver tecnologia fora da lógica do capital.

Quando pensamos na indústria de tecnologia, é fácil nos deixarmos levar pelas peculiaridades dos indivíduos envolvidos. A mente evoca imagens do CEO do Facebook, Mark Zuckerberg, testemunhando roboticamente perante o Congresso dos Estados Unidos,[2] ou do cofundador da Uber, Travis Kalanick, discursando para um motorista da Uber sobre responsabilidade pessoal.[3] Associamos o Google a seus fundadores Larry Page

[2] Em 2018, Mark Zuckerberg testemunhou perante vários comitês do Senado estadunidense após as revelações da Cambridge Analytica. O testemunho foi insatisfatório e pouco edificante, mas os memes do robô foram divertidos.

[3] Em fevereiro de 2017, a *Bloomberg* exibiu um vídeo do motorista da Uber, Fawzi Kamel, que pegou o então CEO Travis Kalanick como passageiro. Quando Kamel explicou que os recentes cortes da Uber nos pagamentos dos motoristas o prejudicaram financeiramente, Kalanick respondeu que "algumas pessoas não gostam de assumir a responsabilidade por suas próprias merdas". O vídeo foi divulgado em um momento de turbulência nas relações públicas da empresa e, quatro meses depois, Kalanick renunciaria ao cargo. Ver: Newcomer, Eric. "In Video, Uber CEO Argues With Driver Over Falling Fares". *Bloomberg*, 28 fev. 2017. Disponível em: https://www.bloomberg.

e Sergey Brin; Twitter ao ex-CEO Jack Dorsey; Apple ao fundador Steve Jobs e ao atual CEO Tim Cook; Microsoft ao fundador Bill Gates. Como resultado, somos tentados a acreditar que os problemas da indústria se originam nos indivíduos específicos que estão no comando, que de alguma forma seriam excepcionalmente ruins, e que tudo seria consertado se simplesmente os trocássemos por pessoas com melhores códigos de ética.

Claro, esse instinto não é totalmente equivocado; fundadores mais éticos certamente seriam melhores do que o que temos hoje. Mas os problemas são mais profundos do que as idiossincrasias individuais. Há uma fria racionalidade subjacente que corrompe os motivos até dos mais bem-intencionados, e, na ausência de fortes mecanismos de responsabilidade, a ética individual só pode ir até certo ponto. Em última análise, o problema é estrutural e as soluções também precisam ser estruturais.

Para entender por que o Vale do Silício se tornou o que é, precisamos investigar quais são os fatores que explicam seu funcionamento interno. Precisamos ver o Vale do Silício não como uma aberração particular, mas sim como a expressão lógica do desenvolvimento tecnológico sob o capitalismo: a tecnologia como um meio para promover a finalidade do capital. Precisamos considerar a cultura, os incentivos e as forças que explicam por que as pessoas se comportam de determinada maneira e por que certas pessoas são colocadas em patamar superior a outras. Isso significa entender os fatores históricos que lançaram as bases para a existência do Vale do Silício em primeiro lugar. Em última análise, sua história está inerentemente entrelaçada às engrenagens do capitalismo contemporâneo.

Capitalismo é uma daquelas palavras com uma definição altamente contestada: como você o define é uma função de sua

---

com/news/articles/2017-02-28/in-video-uber-ceo-argues-with-driver-over-falling-fares.

postura em relação a ele. Portanto, até mesmo arriscar uma definição requer navegar em um terreno político complicado. Para minha análise, tomarei como ponto de partida um significado mais direto: um modo de produção no qual os atores são movidos pela acumulação de capital, que é possibilitada pela propriedade privada dos meios de produção.

Claro, essa definição é muito incompleta; o capitalismo não se formou no vácuo. O sistema que temos agora se desenvolveu ao longo da história, brotando em um campo já repleto de outros sistemas de governança. O início do capitalismo está entrelaçado a vários sistemas históricos de controle social e, portanto, é útil entender o capitalismo como mais do que simplesmente um sistema *econômico*. Minha definição pessoal favorita vem da teórica crítica Nancy Fraser, que o descreve como uma "ordem social institucionalizada"[4] que governa não apenas a acumulação de capital em si, mas também as condições de fundo não econômicas que tornam a acumulação de capital possível. O capitalismo requer um arranjo social particular que tira proveito das divisões anteriores a ele, incluindo aquelas baseadas em raça, gênero, geografia e outros acidentes de nascimento.

Além dessas divisões sociais, os próprios axiomas do capitalismo levam a uma divisão econômica ampla. O capitalismo é fundamentalmente um sistema de classes distintas:[5] os que

---

[4] Para mais sobre este contexto, ver: Fraser, Nancy. "Behind Marx's Hidden Abode". *New Left Review*, mar./abr. 2014. Disponível em: https://newleftreview.org/issues/ii86/articles/nancy-fraser-behind-marx-s-hidden-abode. Ou: Fraser, Nancy; Jaeggi, Rahel. *Capitalism: A Conversation in Critical Theory*. Cambridge, UK: Polity, 2018.

[5] Minha compreensão do capitalismo como um sistema de classes baseia-se nas teorias desenvolvidas pela primeira vez por Karl Marx, mais notoriamente elucidadas na sua obra-prima *O capital*, de 1867, e posteriormente expandidas por gerações de pensadores marxistas.

possuem capital e os que não possuem nada exceto sua capacidade de trabalho; aqueles com poder e aqueles que vivem sob o poder de outros. Afinal, possuir os meios de produção não significa muito, a menos que haja pessoas dispostas a trabalhar para esses proprietários - mesmo que o lucro que elas produzam seja para os proprietários, não para elas mesmas. Na prática, essa divisão costuma ser nebulosa, mas à medida que o abismo da desigualdade de renda se alarga, a divisão entre proprietários e trabalhadores se acentua.

Esta fissura joga luz sobre como a tecnologia é usada em um sistema capitalista. No processo de produção, a tecnologia é um meio de melhorar a eficiência, aumentando a produção por trabalhador. Enquanto o capital estiver em vantagem, isso significa que a tecnologia será predominantemente utilizada para aumentar os lucros e, ao mesmo tempo, minimizar os custos laborais. Quer seja utilizada no processo de criação de outros produtos ou sendo um produto em si, a tecnologia ainda pertence ao capital e será concebida e implementada de acordo com os objetivos capitalistas.

Quanto mais avançada a tecnologia e quanto mais dinheiro por trás dela, mais ela começa a se infiltrar na vida cotidiana. Em breve, toda e qualquer interação corre o risco de ser controlada pela empresa de tecnologia que possua uma que seja relevante. O resultado é uma fissura social. De um lado estão as pessoas que se beneficiam do avanço assustador da tecnologia - aqueles que a desenvolvem, gerenciam, investem nela - e do outro lado estão aquelas cujas vidas são cada vez mais ditadas por algoritmos de propriedade privada. E quanto mais o desenvolvimento tecnológico estiver entrelaçado com o capital, mais profunda será a divisão entre a classe dominante e aqueles que a servem e mais esburacadas serão as vias para a ascendência social - tudo porque isso beneficia a classe dominante.

O que isso significa é que não existe um sujeito universal quando se trata de entender o Vale do Silício. Ele é frequentemente referido como uma *distopia*, mas a distopia é um descritor subjetivo; o que é uma distopia para alguns pode muito bem ser uma utopia para outros. Uma sociedade em que a maioria das pessoas está sujeita aos caprichos de corporações de tecnologia inimaginavelmente poderosas não é tão ruim se você for um executivo de uma dessas corporações. Nenhum diagnóstico do Vale do Silício pode ser escrito sem essa divisão fundamental em mente.

Este livro é uma tentativa de desvendar os problemas da indústria de tecnologia, contados através de minha história pessoal de desilusão. Segue o arco de como cheguei aqui: desde a inalação involuntária da ideologia do Vale do Silício quando adolescente até o trabalho na indústria e o lançamento de minha própria startup. E quanto mais eu aprendia sobre a indústria – sua mecânica interna e seu impacto no resto do mundo –, mais eu começava a ficar em dúvida. No processo de busca por uma explicação, encontrei um fio de ouro de conexões que nunca tinha percebido antes e, lentamente, tudo começou a se cristalizar em um todo coerente. Tudo funcionou de uma forma que eu nunca poderia ter imaginado antes. Não reivindico ter todas as respostas, mas encontrei uma estrutura teórica que me ajuda a entender a lacuna entre o mundo em que vivo e o mundo em que quero viver.

O objetivo deste livro é reunir o que aprendi. Outros na indústria tiveram algumas experiências semelhantes à minha, e espero que reconheçam partes de si mesmos de uma forma que conecte sua desilusão a algo maior. Mas essa história é fundamentalmente pessoal, e não estou tentando falar por mais ninguém.

Se você está procurando por um catálogo de fofocas do Vale do Silício, pode ficar desapontado: este não é um tomo do tipo "por dentro da indústria", cheio de nomes famosos e rumores obscenos. Esta é uma história de fracasso, não de sucesso, e um tipo de fracasso muito mundano. Mas o fracasso nem sempre é uma coisa ruim. O fracasso de minha startup é o motivo pelo qual busquei respostas em primeiro lugar, e é por isso que fui receptiva a novas explicações, não importa quão doloroso fosse ouvi-las. O fracasso foi o que me permitiu perceber a loucura do objetivo amorfo que vinha perseguindo por todo esse tempo.

Se você ama a indústria e acredita que todas as críticas são infundadas, não vai gostar deste livro. Minhas conclusões provavelmente vão enfurecê-lo. Mas você deve lê-lo de qualquer maneira, nem que seja para entender por que outras pessoas podem discordar de você. A era de ouro do Vale do Silício acabou; há uma suspeita crescente de que a história que o Vale do Silício conta sobre si mesmo é uma fábula unilateral, daquelas contadas pelos vencedores. Se você racionalizou todas as notícias ruins sobre o tema por causa de alguns mitos que internalizou sobre progresso ou eficiência, não há muito que eu possa dizer para convencê-lo do contrário. A ideologia começa como uma história, mas logo se transforma em um escudo, e só você pode decidir se quer baixar a guarda.

Este não é um livro de respostas fáceis; não tenho um plano de doze passos para resolver os inúmeros problemas associados à indústria de tecnologia. E a que quero ver exigirá grandes mudanças sistêmicas, algumas fora do escopo do que a maioria de nós pode imaginar hoje. Mas esse é precisamente o objetivo deste livro: conjurar um mundo que nem podemos imaginar agora porque estamos presos em nosso atual beco sem saída. É uma chamada para uma mudança de paradigma, a fim de vislumbrar um mundo radicalmente melhor do que o que temos agora.

Abolição, afinal, significa mais do que mera destruição. O objetivo de abolir o Vale do Silício é construir algo melhor em seu lugar.

Aqueles que se manifestarem em defesa do *status quo* dirão que o que existe hoje é o melhor que podemos fazer. Eles argumentarão que o sistema funciona bem e que grandes mudanças podem, na verdade, piorar as coisas. Mas isso parece assustadoramente semelhante ao que as grandes empresas sempre dizem antes de quebrarem.

Se há uma coisa boa sobre o Vale do Silício como ele é hoje, está no desejo aparentemente ilimitado da indústria de questionar suposições. Infelizmente, esse desejo está sendo predominantemente capturado pela busca monótona do lucro, o que resulta em disrupção *pelos motivos errados*. Talvez esse desejo precise ser direcionado para outra direção – a do sistema socioeconômico que deu tanto poder ao Vale do Silício em primeiro lugar, a fim de perturbar aqueles que presumiram que sempre seriam os que fariam a disrupção. É hora de direcionar as chamas purificadoras da disrupção para o próprio Vale do Silício.

1. SEM MULHERES NA INTERNET

Precisamos parar de assumir que a disparidade salarial entre os gêneros significa sexismo.

James Damore, um engenheiro de software que foi demitido do Google em 2017 depois de postar um memorando interno criticando os esforços da empresa para recrutar mais mulheres como "injustos e divisivos"; na época, as mulheres representavam 20% do quadro técnico do Google.[6]

Eu estava com 12 anos quando tive pela primeira vez uma noção do potencial transformador da tecnologia.

Uma tarde, um ex-colega de classe me disse pelo MSN Messenger que estava construindo um site. Era uma espécie de jogo de quebra-cabeça disponível em um navegador da web, modelado a partir de um jogo popular chamado notpron. A premissa era simples: cada nível era um quebra-cabeça lógico, muitas

[6] O infame memorando de James Damore foi relatado pela primeira vez por: Matsakis, Louise. "Google Employee's Anti-Diversity Manifesto Goes 'Internally Viral'". *Motherboard*, 5 ago. 2017. Disponível em: https://www.vice.com/en_us/article/kzbm4a/employees-anti-diversity-manifesto-goes-internally-viral-at-google. O documento completo de dez páginas foi publicado por: Conger, Kate. "Exclusive: Here's The Full 10-Page Anti-Diversity Screed Circulating Internally at Google". *Gizmodo*, 5 ago. 2017. Disponível em: https://gizmodo.com/exclusive-heres-the-full-10-page-anti-diversity-screed-1797564320.

vezes exigindo conhecimento técnico de como os sites funcionam, e, uma vez que você descobrisse a resposta, mudaria o URL para chegar à próxima fase. Foi surpreendentemente viciante, e, quando fiquei presa e pedi ajuda a meu amigo, ele me disse para ver o código-fonte. Eu tive que procurar esse termo no Ask Jeeves, mas depois que descobri como puxar os colchetes angulares e a manter o recuo lindamente aninhado, era como se um buraco no universo tivesse acabado de se abrir para revelar sua mecânica interna. Pude ver a correspondência entre o texto monoespaçado e os gráficos que apareciam em meu navegador.

Antes disso, eu não tinha percebido que sites eram algo que *eu* poderia fazer. Naquela época, eu usava meu computador principalmente para jogar RPG e, às vezes, digitar vários livros da biblioteca para poder ter cópias eletrônicas em casa. Mas depois daquela primeira visão fatídica do código-fonte de um site, ocorreu-me que meu computador poderia fazer mais do que usar programas escritos por outras pessoas. Matei todos os dezesseis níveis existentes do jogo e me ofereci para ajudar meu amigo a criar mais.

Quando completei 13 anos, já tinha praticamente assumido o controle do jogo, tendo adicionado dezenas de novos níveis, aproveitando meu novo conhecimento de como construir sites. O escopo do jogo também se expandiu – criei um fórum onde jogadores de todo o mundo podiam conversar, às vezes sobre o nível mais recente, às vezes apenas sobre suas vidas. Examinei a documentação técnica sobre como construir sites; devorei manuais sobre cultura hacker; memorizei guias de boas práticas e me forcei a desaprender os maus hábitos que adquiri. Foi um processo lento e tortuoso, mas não me cansei. Minhas horas depois da escola eram passadas imersas em editores de texto, programas de FTP e cadernos com espiral em que fazia o *brainstorming* de novos sites. Fiquei cativada pelo potencial desse novo meio e percebi que poderia viver minha vida nesse mundo virtual, em vez do confuso mundo real ao qual cada vez mais sentia que não pertencia.

Um plano ambicioso incluía um fórum de discussão para meus interlocutores imaginários discutirem o estado do universo. (Era literalmente chamado de "O Estado do Universo"; o logotipo apresentava uma foto borrada da Terra contra um cenário de estrelas.) Passei meses modificando o software do fórum de discussão para que tivesse os recursos que eu queria, e então o pré-preenchi com categorias que apenas uma adolescente extremamente protegida consideraria representativas do estado do universo. O fórum morreu antes de ser inaugurado – depois de meses de extensas mudanças nele, percebi que minhas ambições excediam minhas capacidades, e o fórum foi silenciosamente apagado de meu histórico da internet.

A essa altura, tive uma nova ideia: o Banco de Dados On-line para Informações de Mídia [ODFMI, Online Database for Media Information], que concebi como uma alternativa multifuncional ao Banco de Dados de Filmes da Internet [IMDb, Internet Movie Database em inglês]. Comecei o projeto com uma ignorância quase cômica da lei contemporânea de direitos autorais; meu plano era obter uma cópia eletrônica de cada livro, filme ou outro produto de mídia já feito, iniciado com os livros da biblioteca que eu havia digitado ao longo dos anos. Até registrei uma conta no PayPal com esse nome, de tão confiante que estava no eventual sucesso do projeto. Assim que compreendi que minha visão era impraticável (e quase certamente ilegal), optei por uma base de dados de livros de domínio público retirados do Project Gutenberg, com capítulos formatados como postagens em fóruns de discussão. Por fim, percebi que a maioria dos sites era administrada por empresas, e não por adolescentes que roubavam tempo no computador da família, e que a próprio IMDb havia sido adquirido anos antes pela Amazon por 55 milhões de dólares. Com pesar, abandonei meus planos audaciosos de revolucionar a indústria da mídia.

Mesmo sendo uma pré-adolescente com uma compreensão desprezível da dinâmica social de gênero, não demorei muito para perceber que as partes da internet de que gostava nem sempre eram acolhedoras para as mulheres. Para além do clichê de que não existem garotas na internet, não faltavam piadas sobre o lugar das mulheres na sociedade nem referências casuais à falta de aptidão delas para programação. Achei que simplesmente me acostumaria; eu tinha tido felicidade suficiente com a cultura da Internet para permanecer firme na minha crença de que, de qualquer maneira, eu pertencia ali. Além disso, o apelido que adotei para a maioria das interações on-line era suficientemente andrógino e algumas pessoas até me chamavam de "senhor".

Eu não tinha nenhum guia sobre como navegar na política de gênero daquele cenário espinhoso. Tudo que eu sabia era que as mulheres eram aviltadas nesse espaço cultural, o que me levou a concluir que ser visivelmente feminina poderia ser um obstáculo. Eu não tinha certeza exatamente do porquê isso acontecia, mas minha intuição me dizia que o mau tratamento dispensado às mulheres era justificado – as mulheres simplesmente deveriam ser inferiores de alguma forma.

Por alguma razão, essa conclusão não teve um impacto negativo em minha autoestima. Em vez de ver isso como certo repúdio a mim mesma, vi como uma acusação àquelas com quem compartilhava o gênero. Eu não precisava ser como *elas*; eu poderia transcender o impedimento físico de fazer parte da metade claramente inferior da população humana. E se eu não conseguisse escapar literalmente de meu corpo, pelo menos poderia buscar refúgio na mente. Ao preservar minhas conquistas na Internet, seria possível alcançar uma espécie de imortalidade virtual negada àquelas que tinham como base apenas a carne.

Mesmo quando meus planos ambiciosos de websites evaporaram, meu interesse pela tecnologia por trás dos fóruns de discussão permaneceu. Para fazer os sites, tive que aprender a usar um software chamado phpBB, e no processo me deparei com um mundo totalmente novo – diferentemente dos sites básicos que fiz antes, estes foram escritos usando uma linguagem de programação chamada PHP, que significava que eles poderiam ser *dinâmicos*. Ao descobrir como o PHP funcionava por tentativa e erro, percebi que esse software de fórum de discussão era apenas uma aplicação possível das técnicas que eu estava aprendendo. Eu me senti como se estivesse mordiscando as pontas de uma tapeçaria elegante, costurada com uma lógica fria e bela que nunca havia encontrado em minha educação formal. Talvez meu hobby depois da escola pudesse se transformar em algo mais profundo.

O que começou como uma tentativa de alterar o phpBB para construir sites específicos, logo se transformou em um interesse pela tecnologia em si. Comecei a frequentar os fóruns de discussão do projeto phpBB, inicialmente pedindo conselhos a outras pessoas e, mais tarde, dando conselhos. Depois de alguns anos, me tornei membro oficial da equipe, primeiro como moderadora e depois ajudando na atualização do site. Eu estava tão animada por fazer parte de algo maior do que eu que isso se tornou meu foco principal, drenando energia da escola e de tudo o mais que eu deveria fazer naquela idade. Às vezes, eu faltava às aulas com uma desculpa esfarrapada relacionada a uma doença, a fim de cumprir minhas obrigações no fórum de discussão, apesar de não ser paga para fazer nada disso.

Não ser paga fazia parte do charme. O projeto era inteiramente administrado por voluntários e sua cultura foi firmemente implantada no crescente movimento do software de código aberto. No início, eu realmente não sabia o que isso significava – só sabia que não precisava pagar para usar o software –, mas gradualmente entendi que era mais do que um modelo de precificação: era um movimento cultural. Logo, caí na toca do coelho do código aberto, devorando todos os livros e ensaios que consegui encontrar: *Free* Software, *Free Society* [Software livre, sociedade livre], de Richard Stallman; *In the Beginning Was the Command Line* [No começo era a linha de comando], de Neal Stephenson; *A catedral e o bazar*, de Eric S. Raymond; *Cultura livre*, de Lawrence Lessig. Examinei dicionários de jargões para poder decifrar as inúmeras guerras inflamadas que debateram os pontos mais delicados de GPLV2 x GPLV3, vim x Emacs, tabulações x espaços. E decidi abraçar o código aberto em minha vida pessoal, começando por meu sistema operacional. O Windows era inseguro e o macOS era proprietário, mas o Linux era a principal escolha do tipo de programador que eu estava tentando emular.

Não era fácil comprar um computador com Linux pré-instalado, então meu primeiro desafio foi instalá-lo sozinha. Depois de meses de arenga, finalmente convenci minha família de que precisava de meu próprio computador, e meu primeiro laptop foi um aparelho baratinho de quinze polegadas que comprei durante uma liquidação de fim de ano. Eu amei. Passei um fim de semana inteiro curvada no chão com o laptop conectado a meu modem, percorrendo meticulosamente as postagens do fórum e abordando problemas comuns de drivers de Wi-Fi. Quando saí na segunda-feira com uma instalação funcional do Ubuntu 7.10, senti como se tivesse atravessado um deserto. Depois que eu tive meu próprio computador, não havia limites para o tempo que eu poderia ficar programando; as noites ficavam mais longas e depois mais curtas, e o mundo exterior era frio e hostil, mas eu estava sempre dentro de casa, onde era quente, uma figura solitária iluminada pela cintilação cansada de uma tela LCD.

Quanto mais tempo eu passava absorta nessa cultura virtual – mergulhada em citações de IRC, arquivos de e-mail e fóruns de discussão com vários níveis de anonimato –, mais eu me apaixonava por ela. Mesmo assim, eu era constantemente perseguida pela sensação incômoda de estar ingressando em um espaço que não era para mim. Eu poderia continuar fingindo ser homem, mas não gostava de enganar as pessoas que considerava pertencentes à minha comunidade, especialmente porque alguns outros membros da equipe do phpBB eram abertamente mulheres. E, no entanto, ser mulher declarada na Internet parecia um ímã para ser ridicularizada, ou xavecada, ou ambos.

Todos os meus ídolos eram homens e eu conhecia muito poucas programadoras bem-sucedidas. As que encontrei evidentemente eram alvos convidativos para críticos enfadonhos, os quais examinavam minuciosamente as postagens, o currículo e a aparência dessas mulheres com uma gravidade que me parecia desproporcional. Qualquer mulher que expressasse, mesmo que moderadamente, uma crítica à cultura dominada pelos homens, era ridicularizada como uma "feminazi" que provavelmente já tinha transado com alguém para entrar na indústria. Eu não queria acabar sendo objeto de ridículo, cujo sucesso fosse considerado imerecido por homens furiosos em fóruns anônimos, então estudei cuidadosamente todas as maneiras aparentemente incorretas de as mulheres se comportarem para garantir que eu modelaria apenas as corretas. A conclusão que internalizei foi que os traços femininos eram inferiores; lidei com a dissonância cognitiva que se seguiu, lembrando-me de que não precisava ser como os outros – poderia ser melhor. Eu sabia que o jogo era de cartas marcadas, mas ainda assim pensei que poderia vencer.

No entanto, o meu lugar naquele mundo era claramente precário, por isso compensei agarrando-me ao pouco que tinha. Ao me inscrever na universidade, escolhi minha especialização tendo em mente as preocupações de gênero; me inclinei para a física porque era a graduação com menos mulheres, o que interpretei como um sinal de rigor intelectual e, portanto, de valor. Eu desprezava qualquer coisa dominada por mulheres, como as ciências humanas, que eu via como um prêmio de consolação escolar para aqueles que não eram inteligentes o suficiente para as exatas. Até me candidatei a uma escola que tinha pouca vontade de frequentar, apenas por causa de sua proporção de gênero severamente distorcida; de alguma forma, transformei isso em um sinal de calibre intelectual.

Embora eu tivesse me inscrito para estudar física em todos os outros lugares, acabei cursando a Universidade McGill, no Canadá, que oferecia um diploma conjunto em física e ciência da computação. Minha decisão pareceu validada quando, ao chegar tarde a uma sessão de orientação, percebi que era a única garota; um aluno olhou para mim fingindo choque e perguntou: "Há meninas neste programa?" Tratei isso como uma medalha de honra. Claramente eu estava no caminho certo.

Apesar de saber o quão sexista era a cultura, apesar de observar inúmeros casos de crueldade casual contra as mulheres – por muito tempo isso não me pareceu um problema. Mesmo quando saí de minha fase solitária e comecei a ter uma vida além da tela do computador, ainda via a cultura da Internet como um refúgio. Eu não tinha o contexto ou o vocabulário para entender por que isso poderia ser problemático; eu não gostava mais daqueles que reclamavam disso do que daqueles que tornavam o ambiente ativamente tóxico. Qualquer que fosse a toxicidade, eu via-a como um obstáculo que poderia ultrapassar, e, se as outras não conseguissem fazer o mesmo, a culpa seria delas. Nunca questionei a legitimidade da hierarquia implícita de gênero, porque presumi que encontraria uma forma de estar no topo.

Sempre soube que havia um prêmio no topo dessa hierarquia. Trabalhar com códigos era claramente lucrativo, de uma forma que minhas outras habilidades não eram. Quando adolescente, eu desenhava cartões de felicitações feitos à mão para minha mãe, que os vendia para as amigas e me dava uma parte dos lucros; uma sessão de oito horas me renderia aproximadamente 8 dólares canadenses e uma forte aversão ao cheiro de marcadores. Mas mesmo sendo uma programadora amadora propensa a cobrar pouco, eu poderia ganhar 100 dólares por dia fazendo trabalho autônomo pela internet. Antes mesmo de ter permissão legal para trabalhar em um emprego de verdade, aprendi que, se pudesse fazer algumas alterações básicas no site de alguém, o dinheiro apareceria magicamente em minha conta do PayPal. Nunca precisei falar com ninguém ao telefone, muito menos na vida real.

Nos primeiros dias de mergulho neste mundo, às vezes recebia dicas sobre o dinheiro na indústria de tecnologia em geral – a terra dos empregos de tempo integral e das opções de ações. Um conhecido blogueiro escreveu sobre o envio de limusines para buscar candidatos para entrevistas;[7] outro salpicou seus ensaios com referências ao dinheiro que ele ganhou para mudar sua vida quando sua startup foi adquirida. Programar era claramente mais do que um hobby adolescente – era uma profissão real e gratificante.

---

[7] Joel Spolsky, CEO da Fog Creek Software (agora Glitch) e blogueiro de software, escreveu sobre o processo de recrutamento de estagiários no "tapete vermelho" de sua empresa para a *Inc.* em 2007. Ver: Spolsky, Joel. "Recruiting the Top 1 Percent. There's a Better Way to Find and Hire the Very Best Employees". *Inc.*, 1º maio 2007. Disponível em: https://www.inc.com/magazine/20070501/column-guest.html.

Naquele ponto, o dinheiro me parecia uma medida de mérito bastante objetiva. As pessoas que lucravam muito estavam claramente sendo recompensadas por alguma coisa – porque seus talentos eram considerados valiosos em um sentido mais profundo do que o financeiro. Então interpretei as aparentemente vastas quantias de dinheiro circulando pela indústria de tecnologia como prova de minha própria diligência e valor. Eu via isso como uma validação por passar tanto tempo dentro de casa, manipulando bits em meu computador, em vez de fazer o que outras pessoas – menos diligentes, menos dignas – estavam fazendo sob o sol. Eu acreditava que tinha feito as escolhas certas, e o inverso era que todos os outros tinham simplesmente feito as escolhas *erradas*, que seriam confirmadas quando inevitavelmente não conseguissem garantir empregos bem-remunerados.

Programar, porém, parecia mais do que apenas um *trabalho*. Eu imaginava como se fosse uma escada que levava a um plano de existência superior, onde os nerds se vingariam tornando-se ricos e poderosos. Os altos salários e as regalias generosas, eu considerava pelo valor nominal – como prova de que eu receberia o que merecia. (Ainda não havia me ocorrido que as empresas de tecnologia esperavam obter mais de um candidato entrevistado do que o custo de alugar uma limusine.)

Meu primeiro semestre na universidade foi a primeira vez que tive contato com a educação formal em ciência da computação. Muito do que eu estava aprendendo era novo para mim – se não os conceitos, pelo menos a terminologia ou as explicações –, mesmo assim, eu fingia um ar de enorme tédio pelo mundo. Minha experiência pré-universitária em programação, por mínima que fosse, deu-me licença para me sentir superior a muitos de meus colegas de classe, cuja falta de experiência no mundo real atribuí à falta de interesse inato. Eles estavam apenas memorizando definições para passar em exames e conseguir empregos, em oposição ao caminho mais respeitável de decifrar meticulosamente códigos ilegíveis pelo simples prazer de fazê-lo. Eles não eram programadores *de verdade*; eles não atravessaram o *deserto*. (Eu precisava acreditar na superioridade inerente de minha jornada naquele mundo, porque não sabia outra forma de encontrar valor próprio.)

No segundo semestre, consegui meu primeiro emprego formal como desenvolvedora web em um laboratório de pesquisa de minha universidade. Constrangedoramente, errei na entrevista - eu tinha pouca experiência com qualquer uma das linguagens que deveria usar, e a meia hora que se seguiu encarando um pedaço de código que eu deveria consertar foi recebida com decepção por parte dos entrevistadores. Eles me contrataram ainda assim, provavelmente com base em minha experiência em código aberto, e não na capacidade demonstrada. Eu estava ansiosa para provar meu valor, então, mesmo fora do horário de trabalho, aprimorei minhas habilidades, juntando conhecimento por meio do Stack Overflow,[8] de documentação técnica e, quando tudo mais falhava, do uso estratégico do Google. Foi emocionante e eu realmente estava ansiosa para trabalhar. Eu nem me importava que o salário fosse pouco acima do salário mínimo - tratava o trabalho principalmente como um ambiente de aprendizagem, onde pude desenvolver habilidades que queria desenvolver de qualquer maneira; o dinheiro era um bônus.

O emprego acabou sendo uma dádiva divina. Minha universidade era uma grande instituição pública cuja excelente reputação internacional se baseava em seu resultado de investigação

---

[8] Stack Overflow é um site de perguntas e respostas para profissionais e entusiastas na área de programação de computadores. É o principal site de capital fechado da Rede Stack Exchange. (N.E.)

e não na qualidade do ensino – no departamento de ciências da computação, os currículos estavam muitas vezes irremediavelmente desatualizados. No trabalho, tive a primeira experiência de como era trabalhar em uma equipe real construindo um software real, e não me cansava disso. Foi quase surpreendente que fosse algo para o qual eu pudesse ser paga.

Melhor ainda, descobriu-se que nosso software seria lançado sob uma licença aberta. Esse foi um refúgio inesperado de código aberto, tornado possível como parte de pesquisas com financiamento público, mas tais refúgios eram raros; a maioria dos trabalhos de programação envolvia trabalhar em software proprietário ou, pelo menos, ter seus salários financiados indiretamente por esse tipo de software. Eu passei a achar difícil conciliar meu apreço pelo dinheiro espalhado no universo da tecnologia com meu interesse contínuo no movimento de código aberto e estava preocupada com a possibilidade de haver uma contradição irreconciliável entre os dois.

Durante os primeiros dois anos de faculdade, continuei a ser voluntária no projeto phpBB, fornecendo suporte, compartilhando minhas próprias modificações de código e às vezes cobrando dinheiro por trabalhos privados. Tal como acontece com outros projetos de código aberto, o dinheiro foi um tema constante de debate em nossa comunidade. Qual era a maneira correta de financiar software de código aberto quando empresas com tecnologia proprietária começavam a dominar a produção de software? Como poderia competir um projeto como o nosso gerido por voluntários?

Na época, nosso modelo de financiamento dependia principalmente de banners publicitários discretos para pagar a hospedagem. Mesmo isso foi controverso; alguns membros da equipe achavam que nosso projeto deveria ser financiado exclusivamente por meio de doações não comerciais. Argumentos acalorados frequentemente surgiam sobre a ética da publicidade, como as pessoas deveriam ser pagas para escrever código lançado sob uma licença aberta e se fazia sentido distribuir nosso código gratuitamente enquanto nossos concorrentes cobravam. Os realistas queriam explorar novos modelos de receita para que pudéssemos pagar os desenvolvedores a fim de melhorar a base de código; os idealistas consideravam imoral ganhar dinheiro e argumentavam que os desenvolvedores deveriam ser motivados a trabalhar no projeto porque acreditavam no código aberto, não porque estavam sendo pagos.

Quando entrei no projeto pela primeira vez, os realistas pareciam-me vendidos. Eu estava firmemente no campo idealista: os desenvolvedores de código aberto deveriam fazer isso por amor, não por dinheiro. (Eu morava com meus pais e recebia mesada.) Mas, com o tempo, percebi que minha postura, por mais íntegra que fosse, não funcionava bem na realidade, e as contradições me confundiam e me deixavam desmotivada.

Por dois anos consecutivos, viajei com outros membros da equipe do phpBB a Portland para uma conferência sobre software de código aberto.[9] No primeiro ano, fiquei entusiasmada por estar perto de todas essas outras pessoas que amavam o código aberto e orgulhosa de representar um projeto que adorei. No segundo ano, porém, houve uma guinada acentuada em direção ao extremo corporativo do espectro: os projetos de código aberto foram desviados para uma área menor, os almoços eram oferecidos por empresas de software proprietário e a Microsoft montou uma tenda gigante no meio da sala de exposições. O código aberto estava claramente perdendo para os gigantes corporativos. Não era bom estar do lado perdedor, especialmente porque eu não tinha ideia do *motivo* pelo qual estávamos perdendo. Logo depois disso, larguei meu trabalho

---

[9] Convenção de Código Aberto O'Reilly. Eu participei dela em 2011 e 2012.

voluntário e aceitei que provavelmente teria que trabalhar com software proprietário se quisesse ganhar a vida neste setor.

A Universidade McGill era um foco de ativismo estudantil radical enquanto eu estava lá, mas isso passou quase completamente batido por mim – eu tinha pouco interesse em política, porque não via como isso me afetava. Em 2011, votei em minhas primeiras eleições nacionais; eu não sabia quase nada sobre a política canadense, mas ouvi dizer que alguns dos candidatos do Novo Partido Democrata (NDP) eram colegas estudantes, então, tanto faz, votei neles mesmo. Os meus candidatos venceram na aparentemente histórica onda laranja de um partido social-democrata que expulsou o partido nacionalista, e fiquei feliz por ter escolhido corretamente, mas não me importei muito além disso.

No ano seguinte, minha universidade foi palco de vigorosos protestos estudantis em resposta a um aumento planejado nas mensalidades em toda a província, de pouco mais de 2 mil dólares por ano para quase 4 mil dólares em 2018.[10] Na época, Quebec tinha as mensalidades mais baixas do Canadá, então descobri que o aumento da taxa proposto era eminentemente razoável. Mas uma proporção alarmante do campus parecia discordar de mim: colegas estudantes bloquearam as portas das salas de aula e marcharam furiosamente pelas ruas com quadrados vermelhos pregados nas camisas.

A maior parte de meu círculo social era contra os protestos. Um amigo da exatas escreveu um textão no Facebook conde-

[10] O movimento estudantil de Quebec de 2012 – às vezes chamado de "Maple Spring" [Primavera de bordo] – foi uma grande revolta liderada por estudantes desencadeada pelo governo de Quebec anunciando um aumento de 75% nas mensalidades nas universidades públicas.

nando os ativistas por serem irracionais, lembrando-lhes que, mesmo com o aumento, as mensalidades continuariam a ser suficientemente baixas para que fosse possível ganhar um ano inteiro de mensalidades em um verão de trabalho em tempo integral. Outro postou uma foto sua mostrando o dedo do meio aos manifestantes enquanto eles passavam por baixo de sua varanda. Abstive-me de publicar qualquer coisa, mas minha atitude em relação aos protestos foi principalmente de desprezo; gostava bastante da ideia de mensalidades mais altas. O aumento das taxas não só parecia uma política pragmática, dada a situação fiscal do Quebec, como também se adequava à minha visão do mundo. Achei que a mudança revelaria a inutilidade de diplomas que não levariam a empregos bem-remunerados, servindo como mais uma validação de ter escolhido uma graduação fiscalmente responsável.

Não que eu precisasse de mais validação. Durante um período particularmente sombrio de minha adolescência – marcado pela perigosa mistura de notas impecáveis e almoços solitários –, me apaixonei por *A nascente*, romance de Ayn Rand, que considerei como uma confirmação de que acabaria sendo vingada por minha atual falta de reconhecimento. Na mesma época, descobri Paul Graham, um programador de sucesso, fundador de uma startup e investidor no Vale do Silício, cujos ensaios sobre nerds li como prova de que eu era especial e que acabaria recebendo o que merecia. E durante a orientação para calouros, os alunos de minha faculdade, encharcados de bebida, recitavam alegremente cantos sobre a inferioridade dos formandos em artes, cujas perspectivas de carreira eram resumidas em trabalhar em redes de *fast-food* ou servir café – a capacidade de encontrar um emprego bem-remunerado era evidentemente um reflexo de uma superioridade pessoal. Eu, é claro, encontraria um emprego que me pagasse muito dinheiro.

2. DE OLHOS ARREGALADOS

Temos um forte compromisso com nossos usuários em todo o mundo, suas comunidades, os sites de nossa rede, nossos anunciantes, nossos investidores e, claro, nossos funcionários. Sergey, eu e a equipe faremos o possível para tornar o Google um sucesso de longo prazo e o mundo um lugar melhor.

Larry Page, cofundador do Google, na carta de IPO[11] do Google em 2004.[12]

No início de meu terceiro ano de universidade, eu estava desenvolvendo software em dois laboratórios de pesquisa, enquanto mantinha vários projetos pessoais em paralelo. Isso se somava à carga horária de tempo integral e, portanto, eu acabava às vezes passando a noite toda furtivamente no campus para colocar o dever de casa em dia. Um colega que me pegou cochilando em nosso laboratório me disse que eu estava trabalhando demais para uma graduação e perguntou se eu já havia pensado em me candidatar a um estágio no Google.

A maior parte do que eu sabia sobre o Google vinha de listas da *Business Insider* elogiando sua cultura de local de trabalho; tinha a impressão de que lá era o lugar onde pessoas inteligentes poderiam receber muito dinheiro para tornar o mundo um

[11] Em inglês, *initial public offering* [oferta pública]. Refere-se à abertura do capital de uma empresa na bolsa de valores pela primeira vez. (N.E.)

[12] Disponível em: https://abc.xyz/investor/founders-letters/2004-ipo-letter/.

lugar melhor. Fiquei hesitante no início, sem saber se já era boa o suficiente, mas enviei meu currículo mesmo assim, e meu colega o encaminhou para um amigo dele que se dispôs a enviar uma indicação interna para mim. Pouco tempo depois, um recrutador entrou em contato para agendar uma entrevista de trabalho por telefone.

Li tudo que pude sobre o processo de entrevista do Google, revisando anotações de minhas aulas de algoritmos e examinando explicações sobre o que significava ser "Googley". Como resultado, a primeira entrevista por telefone foi muito fácil: quarenta e cinco minutos escrevendo código em um Google Doc enquanto narrava estrategicamente meu processo de pensamento em voz alta, como sugeriam todas as postagens de blogue que li. Pouco tempo depois, meu recrutador me parabenizou por eu ter passado na primeira entrevista, por tela de celular. A partir de então, eu estaria em um banco de talentos, esperando que um funcionário em tempo integral me escolhesse para uma entrevista com sua equipe.

Nesse ínterim, diversifiquei. Um recrutador da Microsoft veio ao centro de carreiras de meu campus para desafios de quadro branco,[13] e uma simples pergunta sobre árvores binárias me escapou no momento, mas improvisei bem o suficiente para merecer uma viagem com todas as despesas pagas a Mountain View para outra entrevista. Eu não tinha nenhum interesse em trabalhar para a Microsoft, que considerava a vilã na guerra do software livre, mas era difícil recusar uma viagem gratuita para a Califórnia no auge do inverno de Montreal. No escritório da

[13] O desafio de quadro branco, ou entrevista de quadro branco, consiste em entrevistas de emprego na qual os candidatos devem resolver problemas complexos de programação, arquitetura de sistemas ou lógica em um quadro branco, explicando seu raciocínio e abordagem.

empresa, em Mountain View, depois de uma série de perguntas extras em quadro branco, um funcionário desinteressado me perguntou por que eu queria trabalhar no Outlook.com, e eu gaguejei algo pouco convincente sobre uma experiência de aprendizagem divertida antes de me calar. Não recebi uma oferta da Microsoft.

O Facebook era outra opção. Nunca gostei muito do produto deles, mas eles pareciam ter o mesmo nível de engenharia do Google, e isso era tudo o que realmente importava. Um amigo que já havia sido entrevistado por eles me conectou com um recrutador e participei de outra entrevista de quarenta e cinco minutos por telefone, dessa vez não com o Google Docs. Minha primeira pergunta foi quase idêntica àquela que errei para a Microsoft e, de alguma forma, quase errei de novo – não conseguia acreditar que fui simultaneamente tão sortuda e tão estúpida –, mas como a entrevista foi por telefone, tive tempo de procurar furtivamente a resposta em minhas anotações e fingir que acabara de lembrar, e o entrevistador ficou feliz.

No meio de tudo o que estava acontecendo, depois de várias semanas ansiosas sem ouvir nada do Google, fui indicada para três equipes da empresa em uma semana. Uma delas trabalhava no gerenciamento de infraestrutura, o que parecia intrigante, e estava baseada em São Francisco, e não na sede de Mountain View. Minha imaginação se encheu de visões de colinas encantadoras e teleféricos e de andar de bicicleta por uma ponte vermelha sob o sol baixo. Antes de receber uma resposta do Facebook e até mesmo de falar com a equipe, cedi apenas com base na localização. A oferta do Facebook acabou por ser semelhante, mas a empresa queria que eu trabalhasse em seu escritório em Menlo Park, a cerca de uma hora de carro a sul de São Francisco, e isso parecia muito menos glamouroso. De qualquer forma, eu já havia assinado minha oferta do Google.

Ambas as empresas ofereciam salários surpreendentemente bons, especialmente em comparação com meu salário de meio período de 15 dólares canadenses por hora. Depois de fazer alguns cálculos básicos, concluí que ganharia cerca de 20 mil dólares naquele verão, após impostos, com transporte e moradia pagos por meu empregador. Isso era mais do que minha mãe – que tinha mestrado – ganhava em um ano. Como resultado, minha reação inicial foi sentir-me terrivelmente grata, pois não sabia por que merecia isso. Mas em minha cabeça eu já estava elaborando uma narrativa que se ajustasse aos fatos: eu merecia. Eu havia trabalhado muito e agora estava colhendo os frutos.

Os esforços internos de relações públicas do Google não fizeram nada para me dissuadir de minha crescente convicção de que eu era extraordinariamente merecedora. Em maio de 2013, eles me colocaram em um voo direto quase vazio para São Francisco, onde a pessoa sentada mais próxima de mim também era estagiária do Google, e minha hospedagem nos meses seguintes foi em um apartamento luxuoso de dois quartos na Beale Street, a dez minutos a pé do escritório na Spear Street. Tive que dividir o quarto com outra estagiária, mas ele era melhor do que qualquer lugar onde já morei, e fiquei com medo de saber quanto custava.

A primeira semana foi de orientação de estágio. Isso aconteceu em Mountain View, então, de manhã, embarquei em um ônibus particular que me levou pela 101 para um trajeto de uma hora. Eu estava um pouco enjoada, mas enquanto o ônibus seguia pela rodovia suavemente curva para fora da cidade, a neblina começou a se dissipar e, por um momento, fiquei perdida na beleza inimaginável daquele lugar, a luz do sol brilhando na límpida superfície azul da baía à minha esquerda, os suaves espirais de neblina que circundavam as colinas à minha direita se dissipavam na luz da manhã. Eu não queria mais ir embora.

O escritório de Mountain View parecia mais uma universidade do que uma sede corporativa, por isso não era surpresa que todos o chamassem de campus. O terreno estava repleto de diversas comodidades coloridas: mascotes robôs de tamanho humano, bicicletas de marca destrancadas na grama, mesas de cafeteria enfeitadas com guarda-sóis. Em uma sala iluminada e repleta de colegas estagiários ansiosos, entre elogios alegres ao quão maravilhoso o Google era, assinei um longo contrato de trabalho que presumi que eles não esperavam que lêssemos. Os recrutadores nos deslumbraram com estatísticas sobre a quantidade de dados que o Google usou e nos mostraram vídeos sentimentais de marketing sobre as coisas incríveis que a empresa estava fazendo pelo mundo. Mais importante ainda, fomos informados de que era um privilégio estarmos lá, dentro dessa empresa maravilhosa e em rápido crescimento, e por isso deveríamos tratá-la como uma família. Teríamos acesso a muitos dados secretos, mas o outro lado é que eles tinham que permanecer secretos; se compartilhássemos algo não autorizado, o Google saberia. Afinal, o Google era *realmente* dono do Gmail.

Aprendemos o lema corporativo: organizar a informação mundial e torná-la universalmente acessível e útil, o que gostei porque me lembrou de minha tentativa malfadada de criar uma base de dados para informação midiática. Mas a sensatez desse lema fez aquele clima de mistério parecer um pouco absurdo. Além do mais, não estava claro para mim que a organização da informação mundial deveria ser atribuída a uma empresa com fins lucrativos, em vez de um esforço democrático fora do âmbito da motivação do lucro. Ainda assim, foi bom ganhar um salário desses, então eu não podia reclamar.

A semana terminou com um evento interno tipo assembleia chamado TGIF.[14] Todas as quintas-feiras, às 16h30, os fundadores Larry Page e Sergey Brin subiam ao palco em um auditório em Mountain View para compartilhar novidades da empresa, responder às perguntas dos funcionários e dar as boas-vindas aos novos contratados. Aquela semana foi o início da temporada de estágio, e algumas dezenas de nós esperamos em silêncio ao lado; cada um recebeu uma sacola de brindes "Noogler" – Novo Googler –, incluindo uma camiseta com nosso nome e função bordados na manga. Olhei com desgosto para um boné de hélice decorado com as cores do Google – deveríamos usar isso? Éramos estagiários, mas não éramos crianças. Coloquei-o de qualquer maneira e, a contragosto, levantei-me com os outros Nooglers enquanto o público aplaudia obedientemente.

Foi um pouco estranho, eu tive que admitir, tinha uma aura de culto. Mas o consenso no Google era o de ser uma ótima empresa para se trabalhar, o melhor de todos os empregos corporativos. Eu deveria calar a boca e aproveitar o verão.

O que não foi difícil, no final das contas: a empresa claramente se esforçou para tornar seus estágios os mais agradáveis possíveis. O tempo todo havia atividades de estágio depois do trabalho: aula de preparo de margaritas para maiores de 21 anos, passeio de caiaque pela baía, festa a bordo de um barco. E pudemos assistir às sessões semanais do TGIF, que foram uma delícia para além das bebidas alcoólicas e dos lanches gratuitos servidos. Em uma quinta-feira, durante o anúncio de algum produto relacionado à culinária, o palco foi decorado com balcões de cozinha cobertos de produtos e eletrodomésticos varia-

---

[14] TGIF originalmente significava "Thanks God it 's Friday" [Graças a Deus, é sexta-feira] e os eventos costumavam ser realizados às sextas-feiras, mas foram transferidos para as quintas-feiras pouco antes de eu ingressar em 2013, sem alterar o nome.

dos; Sergey de tempo em tempo se levantava para improvisar pela cozinha, e Larry demonstrava um aborrecimento cômico toda vez que o liquidificador zumbia enquanto ele tentava falar. Um colega estagiário e eu nos entreolhamos, tipo: sério? Brincamos que Sergey deveria parar de beber no trabalho. Foi um pouco bizarro, mas foi divertido. Você não poderia pedir fundadores mais acessíveis.

Para a Parada do Orgulho LGBTQIAP+ de São Francisco, o Google ia com tudo – a empresa tinha um carro alegórico e os funcionários ganharam camisetas com o logotipo da empresa decorado com as cores do arco-íris. Meu prédio tinha cerca de uma dúzia de estagiários, e organizamos um dia de bebedeira paralelo à Parada a partir das 10h; quando chegamos ao carro alegórico, eu estava completamente desconectada pelo álcool e minha memória estava apagada. Mais tarde, fotos minhas esquecidas acumularam curtidas no Facebook, e mudei minha foto de perfil para uma minha sorrindo com uma camiseta do Orgulho do Google, segurando um balão vermelho brilhante com a marca da empresa. A aparência progressista do Google foi outro motivo de orgulho de trabalhar lá. Era tão conveniente eles fazerem política em meu nome – eu poderia me sentir virtuosa somente por estar associada a meu empregador. Tudo que eu precisava fazer era aparecer.

Depois, havia as instalações do escritório. Adornando sua entrada havia um escorregador tubular de vários andares, raramente usado, exceto por ocasionais visitantes encantados. Perto de minha mesa havia uma pequena academia, e às vezes eu saía furtivamente para fazer flexões enquanto esperava meu código ser compilado. Uma noite, explorando o escritório depois do expediente com alguns outros estagiários, tivemos o prazer de descobrir uma sala de música: bateria, guitarras, microfones, chat de vídeo conectado a salas de música de outros escritórios.

Por algumas semanas, foi deslumbrante. Fiquei emocionada com a consideração dessa empresa que claramente se preocupou em criar um ambiente confortável para os funcionários. A cafeteria no último andar de meu escritório dava para um terraço de frente para a baía, logo abaixo da Ponte de São Francisco, e na maioria dos dias eu acordava bem a tempo de terminar o café da manhã, enchendo meu prato com claras de ovos caipiras, couve orgânica cozida no vapor e bacon com cobertura de xarope de bordo. Minha primeira meia hora de trabalho normalmente era passada absorvendo luz solar enquanto os raios da manhã esculpiam mechas na neblina que se enrolavam sob a ponte, me sentindo surpresa com o quão incrivelmente sortuda eu era por estar aqui.

Outras empresas da área também se dedicavam a atrair estagiários com comidas e bebidas gratuitas e diversão de preços elevados. Meu recrutador do Facebook me convidou para um carnaval de estagiários no campus de Menlo Park, e eu peguei carona com outros estagiários do Google para chegar em um simulacro de um parque de diversões com seus gramados bem cuidados. E a startup de pagamentos Square, fundada pelo cofundador do Twitter Jack Dorsey, organizou uma festa para estagiários da Bay Area com um jantar completo que terminou com cupcakes cobertos por um logotipo comestível da Square. O principal produto dela era um leitor de cartão de crédito conectado a um smartphone, o que não achei particularmente interessante, mas eles tinham salários competitivos e um escritório agradável, e isso era bom o suficiente para mim. Roubei algumas fotos de Dorsey e levei como lembrança alguns dos leitores de cartão Square que lotavam o escritório como pesos de papel. O fato de seu escritório ter sido o prédio antigo do *San Francisco Chronicle* parecia simbólico: uma nova indústria englobando a antiga. Foi uma sorte para mim fazer parte do novo.

Em junho, estagiários do Google foram convidados para a estreia de um novo filme chamado *Os estagiários*. Estrelado pela dupla de comédia Vince Vaughn e Owen Wilson, ele apresentava um retrato ficcional do trabalho no Google e parte dele foi filmado no campus de Mountain View com permissão de Larry e Sergey. Como uma representação da experiência de estágio no Google, era absurdamente irrealista: o estágio na empresa foi retratado como uma competição no estilo *Jogos vorazes*, coroada com torneios de quadribol e noites inteiras no estilo hackathon.[15] Depois, todos nós zombamos do filme pela natureza artificial dos desafios mostrado. É claro que os estagiários de engenharia do Google nunca seriam solicitados a inscrever empresas locais no Google AdWords – nosso tempo era muito mais valioso do que *isso*. Ainda assim, o filme reconheceu que os estagiários do Google eram inteligentes, trabalhadores e merecedores, e fiquei satisfeita ao ver isso refletido na cultura popular.

O trabalho em si acabou sendo a parte mais mundana do verão. Meu projeto, uma ferramenta de visualização interna, foi, na melhor das hipóteses, "algo bom de se ter" para algumas dezenas de pessoas dentro da empresa e, no que diz respeito aos desafios técnicos, foi um pouco chato. Nas primeiras semanas, eu estava pronta para trabalhar até tarde a fim de provar minha dedicação, e meu gerente me mostrou uma página da Intranet para acender as luzes de novo quando elas desligassem automaticamente à noite. Mas era raro haver alguém por perto para testemunhar meu trabalho árduo, e logo minha rotina se tornou cada vez mais tranquila: uma hora todas as manhãs atu-

[15] Competição entre programadores que pode levar dias. Nela, eles buscam códigos abertos, sistemas lógicos, discutem sobre softwares etc. (N.E.)

alizando e-mails, mídias sociais e Memegen, o gerador interno de memes do Google que acompanhava de perto o pulso da empresa. Depois de algumas horas de codificação e revisão de código sem pressa, eu geralmente saía antes das 18h, já que o jantar não era servido no escritório de São Francisco.

No meio do estágio, a novidade começou a passar e o que se instalou em seu lugar foi uma inexplicável e opressiva insatisfação. Comecei a me ressentir das chamadas comodidades divertidas, das estátuas açucaradas espalhadas pelo campus principal, das hordas de turistas entusiasmados tirando fotos como se estivessem na Disneylândia. E o trajeto que foi tão emocionante na primeira semana logo perdeu o brilho – minha mesa ficava no escritório de São Francisco, mas metade de minha equipe estava no campus principal, e eu tinha que pegar o ônibus para Mountain View em torno de uma vez por semana. A viagem era muito acidentada para trabalhar, então ficava olhando pela janela para a paisagem reconhecidamente bela e me sentindo meio entorpecida.

Eu estava prestes a entrar no último ano da universidade, o que significava que precisava decidir o que queria fazer depois de me formar. A opção mais óbvia era trabalhar em tempo integral no Google, e havia um processo de entrevistas específico para estagiários do terceiro ano que desejassem transformar seu estágio em um emprego após a formatura. Mas, depois de algumas semanas, a emoção das vantagens passou e a monotonia do trabalho esmagou meu entusiasmo inicial de passar para o período integral. Eu não sabia explicar por que, mas a simples ideia de voltar para lá era devastadora. Também não me inspirei em fazer um mestrado, que considerava minha próxima melhor alternativa. É claro que isso me fez pensar no que eu não consideraria como opção devastadora, mas pensar *nisso* era como olhar para um penhasco íngreme e imaginar cair de lá.

O principal problema era que eu não sabia mais para que deveria me otimizar. Passei a maior parte de minha vida tentando ter sucesso em quaisquer desafios acadêmicos que fossem colocados diante de mim, sob a suposição inquestionável de que tudo acabaria valendo a pena. E, no entanto, a vida que vi estendendo-se diante de mim através do para-brisa do ônibus do Google não parecia especialmente atraente. Eu senti como se tivesse feito tudo certo, mas a recompensa parecia vazia. Tinha que haver mais do que isso.

Ao mesmo tempo, o verniz do Google de ser um local de trabalho dos sonhos começou a ruir. Durante um TGIF, Larry e Sergey anunciaram publicamente a demissão de um funcionário. Pouco nos foi dito, exceto seu nome, e que foi demitido depois que uma investigação interna concluiu que ele era a fonte de um vazamento para a imprensa. Eu li a notícia que desencadeou sua demissão; era essencialmente um artigo sobre um novo produto em desenvolvimento e não pintava o Google de maneira negativa. Mas trair a família era trair a família, e a punição por isso era o extermínio.

"Exterminado" foi a palavra que Sergey usou, de qualquer maneira; ele a deixou escapar no palco várias vezes, com Larry rapidamente corrigindo-o para "despedido", para risos do público, enquanto o Memegen fervilhava de piadas sobre o incidente por dias. Isso deveria ser engraçado? Um funcionário foi demitido por uma infração menor e relativamente inofensiva, e outros funcionários ficaram do lado do empregador, e não do colega de trabalho? Logo, o Memegen seguiu em frente, o vazador foi prontamente esquecido da consciência da empresa, mas eu ainda estava inquieta – pensando em até que ponto o Google vigiava seus próprios funcionários, pensando em fundadores bilionários demitindo publicamente um funcionário de baixo escalão que não parecia ter feito nada muito errado.

A posição aceita sobre vazamentos era que isso traía a confiança e, portanto, precisava ser punido. Afinal, foi para o nosso bem. Como éramos frequentemente lembrados, o Google era um refúgio de acesso e confiança; não só recebíamos ótimos salários e benefícios, como também éramos beneficiários de uma cultura interna espetacularmente transparente, e, se os funcionários não conseguissem guardar os segredos da empresa, nossos benevolentes fundadores não nos contariam absolutamente nada.

A questão da transparência era, pelo menos em parte, verdade: passei horas incontáveis no trabalho vasculhando a Intranet da empresa, impressionada por, enquanto humilde estagiária, ter acesso a registros não públicos das tentativas do Google de adquirir vários nomes de domínio por quantias espantosas de dinheiro. Mas havia muitos dados aos quais eu não tinha acesso, incluindo os que precisava para fazer meu trabalho – projeções de capacidade de hardware para os quais eu deveria escrever uma interface de exibição. Meu gerente, que teve que gerar dados falsos para eu trabalhar, sugeriu que não gostaríamos que os fornecedores soubessem das necessidades projetadas de nossos servidores, pois poderiam conspirar para aumentar os preços. Isso me pareceu um pouco paranoico, mas eu não estava exatamente em condições de contestar.

Todo esse lance de sigilo estava me afetando. A maioria dos prédios do Google era aberta a qualquer funcionário em tempo integral, mas em meu prédio havia uma área proibida, a menos que você trabalhasse na equipe de segurança do Chrome. No campus principal, o prédio com meu restaurante favorito deveria ser aberto apenas para funcionários que trabalhavam com Android, embora outros funcionários às vezes entrassem para comer sushi. E o Google X, o laboratório "que nos levaria à Lua", mantinha seus planos estritamente em segredo.

Eu entendia o porquê, é claro: o objetivo do sigilo era evitar vazamentos e mitigar riscos de segurança. O último fazia sentido para mim, mas o primeiro não me convenceu. Por que essa empresa tinha tanto medo das críticas públicas? Desenvolver tecnologia em uma bolha parecia uma receita para o desastre, enquanto as pessoas em todo o mundo dependiam dos produtos do Google – especialmente quando sua força de trabalho técnica não era representativa da população em geral.[16] E o lema "Não seja mau" serviu principalmente como um lembrete de que o Google *tinha* o poder de fazer o mal, e as pessoas de fora – ou mesmo de dentro, sem o nível necessário de autorização de segurança – tinham que simplesmente confiar que os internos fariam a coisa certa. Mas tal confiança parecia um pouco descabida, dado que mesmo pequenos vazamentos eram tratados como traições que encerravam uma carreira; eu nem queria pensar nas penalidades por denunciar ou contestar publicamente decisões importantes.

Nem é preciso dizer, provavelmente, que nenhum dos engenheiros de software que eu conhecia estava sindicalizado. O pouco que eu sabia sobre o trabalho organizado era que os sindicatos eram para mineiros e operários de fábrica nos séculos anteriores, e não para trabalhadores de colarinho-branco da tecnologia na nova era da informação. Nosso trabalho não era o mesmo tipo de trabalho, e presumi que isso significava que não tínhamos o mesmo tipo de queixas – as reclamações dos funcionários do Google raramente eram mais substanciais do que o ressentimento em

---

[16] Em 2014, o Google divulgou publicamente seus números de diversidade pela primeira vez. Foi revelado que entre as funções técnicas apenas 17% dos funcionários eram mulheres e que apenas 5% do total da força de trabalho nos Estados Unidos eram formados por negros ou hispânicos. Ver: Jacobson, Murrey. "Google Finally Discloses its Diversity Record, and It's Not Good". *PBS*, 28 maio 2014. Disponível em: https://www.pbs.org/newshour/nation/google-discloses-workforce-diversity-data-good.

relação ao programa Segundas-Feiras Sem Carne ou à marca errada de água com gás em uma de suas microcozinhas.

Por vezes, porém, notei ondas de ativismo incipiente no local de trabalho na forma como os funcionários reagiam às mudanças de produtos. Alguns meses antes de eu começar, o Google anunciou que encerraria o Google Reader devido à queda em seu uso, e o tumulto interno que se seguiu fez alguns funcionários se oferecerem voluntariamente para manter o Reader eles próprios.[17] E críticas internas à política de Nomes Reais proposta pelo Google Plus – que exigiria que os usuários exibissem publicamente seus nomes legais nas plataformas do Google – foram tão fortes que a empresa mais tarde voltaria atrás.[18]

Fora isso, porém, o ambiente de trabalho parecia bastante idílico. Raramente tive a sensação de qualquer separação entre a empresa e seus funcionários: nunca ouvi falar de disputas sobre salários ou benefícios, e a onda crescente de alegações de assédio sexual só me alcançou depois de eu ter partido. A sensação generalizada de tranquilidade tornou minha desilusão mais difícil de justificar – todos os outros pareciam felizes, então por que eu não estava? O trabalho era pouco exigente, o salário era ótimo, o crachá de funcionário me dava acesso a comida grátis e Wi-Fi em qualquer lugar em que o Google tivesse escritório. Minha desilusão incipiente no local de trabalho pa-

---

[17] O Google anunciou em março de 2013 que o Reader seria extinto em 1º de julho daquele ano. Disponível em: https://googleblog.blogspot.com/2013/03/a-second-spring-of-cleaning.html.

[18] Em julho de 2014, o Google anunciou que voltaria totalmente atrás na sua política de Nomes Reais, não impondo mais restrições aos nomes que os usuários poderiam escolher para suas contas do Google+. Ver: Blue, Violet. "Google Reverses 'Real Names' Policy, Apologizes". *ZDNet*, 15 jul. 2014. Disponível em: https://www.zdnet.com/article/google-reverses-real-names-policy-apologizes/.

recia mesquinha e ilegítima em comparação com a generosidade das vantagens.

Mas nem todos que trabalham no Google tinham o tipo certo de crachá. Cada escritório tinha um grande contingente de terceirizados com uma insígnia vermelha: funcionários do setor hoteleiro servindo comida e limpando as instalações; pessoal de segurança vigiando as portas do refeitório para evitar a entrada de estranhos sem crachá; motoristas de ônibus dirigindo de e para todos os escritórios locais. Por mais ignorante que eu fosse, com minha suposição padrão de boas intenções corporativas, não fui ingênua o suficiente para presumir que as famosas transparência e vantagens do Google se estendiam também a esses trabalhadores.

Mesmo como estagiária, eu tinha permissão para presentear dois convidados por mês com comida e instalações gratuitas. Ninguém realmente se importava se você levasse mais de dois; era um sistema de honra em que se esperava que todos fossem apropriadamente "Googley". Mas esses trabalhadores com insígnia vermelha - eles podiam trazer convidados? Eles podiam encher potes de comida para levar para casa? Nunca os vi nos ônibus e duvidava que algum deles morasse perto o suficiente para se deslocar a pé. Nas proximidades do escritório do Google em São Francisco havia pouco além de startups, armadilhas para turistas e edifícios residenciais de luxo com apartamentos de um quarto alugados por 4 mil dólares por mês.

Naquela época, a Bay Area fervilhava com o debate sobre as consequências potencialmente negativas do crescimento do setor tecnológico: gentrificação, aumento do custo de vida, moradores antigos excluídos da cidade pelos novos preços. Embora os detalhes me escapassem, tive a sensação de que os trabalhadores de serviços do Google não estavam colhendo muitos benefícios com o *boom* tecnológico, mesmo que trabalhassem para aquele que deveria ser o melhor empregador do país.[19] Minha própria experiência no trabalho poderia ser um pouco chata, mas pelo menos eu estava aprendendo novas habilidades enquanto ganhava muito dinheiro; se eu voltasse como funcionária em tempo integral, poderia esperar por opções de ações, avaliações de desempenho e uma remuneração anual de quase meio milhão depois de alguns anos. Os trabalhadores dos serviços, em contrapartida, pareciam ter um caminho de progressão muito mais limitado e um ponto de partida muito mais baixo. Seria isso justo?

Parte de mim queria acreditar que merecia o que recebi porque trabalhei duro, enquanto outras pessoas simplesmente não. Mas, olhando para os funcionários majoritariamente negros ou hispânicos precarizados, não consegui escapar à possibilidade de haver razões estruturais para essa divisão independentes da ética de trabalho individual; nem todos tiveram a mesma oportunidade de fazer seu trabalho árduo se enquadrar perfeitamente em um caminho de mobilidade social ascendente. Essas desigualdades estruturais podem não ser culpa do Google, mas ele claramente não relutava em utilizá-las com o propósito de reduzir os custos de trabalho.

E, no entanto, essa era uma empresa multinacional com bilhões de dólares em capitalização de mercado, elogios frequentes por sua cultura orientada para a missão e fundadores socialmente progressistas. Certamente era grande demais para falhar em qualquer teste moral crucial. Tentei racionalizar: se isso fosse um problema, alguém já teria dito alguma coisa. Mas depois que comecei a ver a empresa como um agente com suas próprias motivações, foi difícil voltar atrás. Considerei os bene-

[19] A revista *Fortune* listou o Google como a melhor empresa para se trabalhar nos Estados Unidos em todos os anos entre 2012 e 2017. Disponível em: https://fortune.com/best-companies/2017/google/.

fícios do programa de estágio do ponto de vista da empresa: por que o Google investiu tanto dinheiro para manter felizes seus estagiários de verão? Afinal, era uma empresa com fins lucrativos, e não apenas uma instituição de caridade para massagear o ego daqueles que se consideravam inteligentes.

A resposta era fácil, é claro: o programa de estágio era uma rampa glorificada para o processo de recrutamento. O Google precisava de um fluxo constante de talentos tecnológicos para manter o seu domínio, e os custos de recrutamento na indústria não eram baratos. Até mesmo pagar estagiários para jogar quadribol o dia todo valeria a pena se alguns deles se convertessem para o período integral ou indicassem amigos.

Mas isso apenas empurrou a questão para o futuro. Se o Google ganhasse o suficiente com cada contratação para compensar os altos custos, para onde foi o dinheiro excedente? Quem decide essa alocação? E por que esse sistema era justo?

Meu contrato de trabalho oferecia poucas explicações – foi claramente elaborado para fornecer a menor quantidade de informação na quantidade de texto mais juridicamente vinculativa possível. Ainda assim, saquei frases intrigantes como "arbitragem" e "isento". O primeiro tinha algo a ver com a resolução de disputas no local de trabalho por meio de um terceiro neutro, e não através do sistema judicial; o último significava que eu não receberia horas extras se trabalhasse mais de quarenta horas por semana. Eu realmente não entendi as implicações de nenhum dos dois; toda essa coisa de legislação trabalhista era uma caixa preta para mim.

Eu queria acreditar que todo esse jargão jurídico era apenas mera burocracia. Esse novo mundo da tecnologia, com os seus fundadores peculiares e um trabalho que não era realmente trabalho, transcendeu o quadro jurídico arcaico exigido pelo governo. Não era como se eu planejasse processar meu empregador; certamente esse era o domínio dos fracos, daqueles inclinados a bancar a vítima porque sabiam que de outra forma não poderiam vencer. Eu, na verdade, sempre seria leal e sempre seria valiosa.

Pelo menos foi assim que me senti no início de meu estágio, mas à medida que me aproximava do fim, minha inclinação para a lealdade inquestionável começava a diminuir.

Era agosto de 2013 e todos falavam sobre a recente aparição de Marissa Mayer na *Vogue*.[20] Mayer fazia parte de um pequeno número de mulheres de destaque na indústria tecnológica, indo de Stanford ao Google até se tornar CEO do Yahoo; a *Vogue* estimou seu patrimônio líquido em 300 milhões de dólares. Eu senti que deveria achar sua trajetória inspiradora, mas qualquer solidariedade que eu pudesse ter com as mulheres na tecnologia foi ofuscada por nossa diferença de 300 milhões de dólares em patrimônio líquido.

Isso me pareceu uma quantia insondável de dinheiro, não importa quão arduamente ela pudesse ter trabalhado, e também não parecia certo do ponto de vista da eficiência econômica geral. Alguém que por acaso era o vigésimo funcionário de uma empresa agora multibilionária deu o salto para se tornar CEO de uma empresa rival; agora ela tinha páginas duplas na *Vogue*, uma cobertura no Four Seasons, dinheiro para gastar em uma instalação de arte de 8 milhões de dólares na Ponte São Francisco. Entretanto, a população sem-teto da cidade continuou a crescer, um problema sem dúvida agravado pelo aumento dos aluguéis devido ao influxo de riqueza tecnológica.

---

[20] Ver: Weisber, Jacob. "Yahoo's Marissa Mayer: Hail to the Chief". *Vogue*, 15 ago. 2013. Disponível em: https://www.vogue.com/article/hail-to-the-chief-yahoos-marissa-mayer.

É claro que isso não foi *culpa* de ninguém que trabalhasse com tecnologia, por mais rico que fosse; os problemas eram anteriores ao recente *boom* da indústria e maiores do que qualquer indivíduo. Seria injusto pedir aos milionários da tecnologia que assumissem, apenas por viverem na mesma cidade, a responsabilidade por um problema que não causaram. Mas não pude deixar de pensar que eles poderiam fazer *alguma coisa*. Se aqueles que têm mais dinheiro do que poderiam gastar durante toda a vida decidissem não usar esse dinheiro para o bem social, então de onde viriam os fundos? Qual era o sentido de permitir que indivíduos acumulassem tal riqueza se não a usassem para ajudar os outros?

Na primeira vez que fui a pé para o trabalho, tentei fazer um caminho mais curto do que o recomendado pelo Google Maps. Havia um lance de escadas do outro lado da rua do meu prédio, que pensei que me levaria mais rápido ao viaduto. Mas, naquele dia, as escadas estavam cobertas com uma misteriosa gosma rosa que cheirava levemente a chiclete; eu interpretei isso como um sinal de que estava indo na direção errada e, em vez disso, segui o caminho recomendado. No final da semana, já havia resolvido o mistério: era sabão. As escadas eram razoavelmente isoladas e, numa cidade com uma grande população de sem-teto e com acesso limitado ao saneamento público, isso significava que necessitavam de limpeza frequente.

Eu me perguntei como seria a vida para aqueles que nunca fizeram parte da lista para o próximo CEO do Yahoo – os inquilinos tendo que sair por causa dos preços altos, porque o dinheiro da tecnologia estava inundando sua vizinhança e seus proprietários não tinham escrúpulos em aumentar os aluguéis como resposta, os moradores sem-teto que nem sequer têm acesso decente a banheiros públicos. Uma instalação de arte sobre a baía poderia ser legal e tal, mas parecia uma estranha saída para a filantropia em uma cidade que estava claramente sofrendo.

As tendências pareciam apontar na direção errada e não me senti bem com a perspectiva de retornar a esse mundo dolorosamente dividido. Mas eu não sabia mais o que fazer – o Google deveria ser o auge daquilo pelo qual eu havia trabalhado. Talvez eu quisesse uma equipe diferente, um campus diferente, um mestrado. Eu disse a meu gerente que não tinha certeza se queria voltar; ele me disse para fazer uma entrevista de qualquer maneira, porque seria mais rápido me converter por meio de um estágio do que se inscrever do zero.

No campus principal, passei rapidamente por algumas entrevistas em quadro branco – a essa altura, todas as perguntas estavam começando a parecer familiares. Um entrevistador tirou seu chapéu Fedora para mim ao sair da sala de conferências. Naquela noite, sentada no ônibus noturno para São Francisco, analisei minhas opções e decidi que não eram tão ruins assim. Se me arrependesse de voltar para o Google, poderia sempre mudar de emprego; havia muitas opções naquela cidade. Nuvens baixas pendiam como penas no horizonte azul desbotado lá fora.

3. MAIS DO QUE O DINHEIRO

Se suprimirmos as variações no rendimento, seja roubando fortunas privadas, como costumavam fazer os governantes feudais, seja tributando, como fizeram alguns governos modernos, o resultado parece ser sempre o mesmo. A sociedade como um todo acaba ficando mais pobre.

Paul Graham, em seu ensaio "Mind the Gap", de maio de 2004, que propunha que o aumento da desigualdade de renda em uma sociedade moderna era um "sinal de saúde".[21]

Voltar para a escola em Montreal depois de um verão na Bay Area foi uma decepção. A situação piorou quando o Google me fez uma oferta de retorno antes mesmo de o semestre começar: eu simplesmente precisava me formar e teria um emprego de seis dígitos esperando por mim na Bay Area, sem depender de notas. Assim que a oferta chegou à minha caixa de entrada, minha dedicação à academia despencou e logo depois deixei meus trabalhos de assistente de pesquisa de meio período e esqueci a perspectiva de um mestrado. Não havia mais necessidade de trabalhar duro; já tinha sido avaliada, e passei.

A carta de oferta era do tipo explosiva: se eu não a assinasse em um curto espaço de tempo, ela expiraria. E, típico do Google, eu precisava instalar um aplicativo especial do Chrome apenas para visualizá-la. Era a oferta padrão para recém-formados,

[21] Disponível em: http://www.paulgraham.com/gap.html.

com um bônus de assinatura que excedia a totalidade de minhas mensalidades, oferta de ações restritas, advogados para lidar com a papelada de imigração. Resumindo, foi melhor do que eu poderia esperar. Solicitei uma prorrogação do prazo por um mês.

Por que eu estava tão indecisa? Não foi exatamente para isso que eu trabalhei? Sempre que eu tinha que explicar minha hesitação em relação à oferta, murmurava algo sobre o Google ser muito chato; isso geralmente provocava alguma descrença, visto que a empresa era retratada na mídia como uma terra mítica de mesas de pingue-pongue e massagens, mas pelo menos estava dentro do domínio da compreensão. As razões mais profundas que espreitavam sob a superfície, eu não sabia como trazer à tona: a monotonia, o trabalho enfadonho, o medo de que o trabalho das 9h às 17h em uma grande empresa me definisse. O medo de que querer mais fosse considerado presunçoso.

Ainda mais difícil de explicar era minha aversão ética às práticas comerciais do Google. Isso não era algo sobre o qual eu gostaria de falar, exceto com os mais ferrenhos defensores do software livre, poucos dos quais eu conhecia pessoalmente. Uma coisa que me incomodou durante meu estágio foi ser desencorajada de trabalhar em projetos de código aberto, exceto com permissão dos advogados do Google. Alarmada, pedi conselho a meu gerente, porque planejava trabalhar em projetos paralelos durante o verão; ele me disse para não me preocupar e tudo deu certo, mas eu não gostei do princípio. Se eu decidisse voltar a exercer uma função de tempo integral, todo o meu trabalho seria orientado pelas necessidades do Google e se tornaria propriedade intelectual da empresa. Mesmo que o Google decidisse liberar qualquer um de meus trabalhos sob uma licença aberta, isso seria nos seus termos, não nos meus.

Com minha oferta pendente, comecei a fazer entrevistas em outras empresas, na esperança de encontrar algo que parecesse menos comprometido eticamente. No início de setembro, durante uma entrevista de uma hora em um almoço no escritório da McKinsey & Company em Montreal, fiz um curso intensivo em consultoria de gestão. No final, eu estava sofrendo com visões confusas de planilhas de Excel, apresentações em PowerPoint e semanas de trabalho de setenta horas antes de ir para a faculdade de administração e voltar como associada, quando então poderia despejar todo o trabalho pesado em analistas mais jovens e focar, em vez disso, em acumular milhas. Isso não parecia especialmente gratificante. Risquei "consultora de gestão", com a tinta ainda fresca, da minha lista.

Uma oferta de entrevista que nunca aceitei. No início do semestre, escrevi uma postagem em meu blogue sobre uma leve vulnerabilidade de segurança que descobri em um software usado em minha universidade. Inesperadamente, a postagem se tornou viral, chegando até o topo do *Hacker News*, o popular serviço de agregação de notícias criado por meu antigo herói, Paul Graham. Pouco tempo depois, recebi um e-mail da empresa que fabricava o software e, a princípio, fiquei com medo de que fosse algum tipo de ameaça legal, mas acabou sendo um convite para uma entrevista de emprego. Não, respondi educadamente, mas obrigado. Essa empresa não ocupava uma posição elevada em minha hierarquia mental de empresas de tecnologia, e, apesar de minha falta de entusiasmo em retornar ao Google, preferiria ter isso em meu currículo.

Uma empresa canadense de tecnologia famosa por suas táticas agressivas de recrutamento bateu à porta. Um ex-colega de classe havia começado a trabalhar lá no verão anterior para o que deveria ser um estágio, e ainda não havia voltado para a universidade; pela rapidez com que a empresa estava crescendo, imaginei que era mais provável que ele se aposentasse aos 30 anos do que terminasse o curso. Seus recrutadores fizeram de tudo – me hospedando em um hotel próximo, me servindo bebidas e me contando histórias mirabolantes sobre os emocionantes problemas técnicos que estavam resolvendo. Eu realmente não queria ficar no Canadá, mas eles pareciam legais. Perguntei sobre a abordagem deles em relação ao software de código aberto e eles responderam que, embora sua tecnologia principal fosse obviamente proprietária, eram grandes fãs de software de código aberto e não se importariam que eu trabalhasse em meus próprios projetos depois do expediente, mas seus advogados ficariam alertas caso eu tentasse criar uma empresa concorrente em meu tempo livre. Isso parecia mais relaxado do que o Google, mas ainda não era exatamente o que eu esperava.

Não era como se eu não entendesse o raciocínio. Eu havia feito minha pesquisa sobre direito de propriedade intelectual; eu sabia por que o Google precisava ter controle sobre o trabalho dos funcionários, mesmo que ele fosse feito fora do expediente, fora das instalações da empresa, em equipamentos pessoais. Eu sabia que seria ruim para as empresas se seus funcionários conseguissem criar concorrentes. Só não estava totalmente convencida de que o que era ruim para as empresas era necessariamente ruim para a sociedade. Por outro lado, se o bem-estar das empresas não era sinônimo do bem-estar da sociedade, por que é que eu tinha investido toda essa energia em ser uma boa trabalhadora para alguma empresa?

Eu precisava acreditar que minha ética de trabalho arraigada partia de uma verdade superior. Eu precisava que o dinheiro que me ofereceram significasse *mais do que dinheiro* – mais do que apenas um suborno para trabalhar em algo que pudesse me causar certo desconforto ético. As ofertas generosas que me foram feitas por empresas respeitadas tinham de ter um significado mais profundo do que meros tokens para a compra de mercadorias; o que eu realmente precisava em um pacote de remuneração era a validação externa de minhas escolhas anteriores. Enquanto eu pudesse acreditar na verdade da meritocracia – que os melhores chegariam ao topo e posteriormente colheriam os frutos –, então eu teria uma prova externa de meu próprio valor e tudo ficaria bem.

No entanto, foi difícil afastar as dúvidas. Durante meu verão em São Francisco, com seus claros indicadores de pobreza em uma cidade repleta de dinheiro da tecnologia, eu sentia uma pontada de culpa toda vez que pedia um carro pelo aplicativo Lyft ou visitava um bom restaurante. Eu já havia inventado uma narrativa para explicar meu sucesso como merecido, mas não consegui esticá-la o suficiente para explicar a realidade da desigualdade em São Francisco. Mesmo aqueles que deliberadamente escolheram não trabalhar certamente não mereciam morrer de fome em uma cidade repleta de riqueza.

Meu desconforto com a desigualdade exacerbada pela tecnologia em São Francisco estava começando a esbarrar em minha crença latente na bondade da indústria tecnológica, e eu não sabia como conciliar os dois. Tendo começado a universidade pouco depois da crise financeira de 2008, minha impressão de Wall Street era a de que se tratava apenas de uma forma inteligente de fraude. Um de meus professores de álgebra dedicou uma palestra inteira a uma derivação matemática do papel da cópula gaussiana na crise das hipotecas subprime, intercalada com comentários irônicos sobre a ganância de Wall Street. Considero ilegítimas as vastas quantias de dinheiro que fluem para *esse* setor, com a recente crise financeira servindo de prova.

O setor de tecnologia não era assim, no entanto. Claro, havia muito dinheiro circulando pela indústria, mas tudo se justificava porque ela estava indo bem no mundo. É certo que as startups por vezes perseguiram causas frívolas, e por vezes implodiram espetacularmente, mas o impacto global da indústria foi positivo – a sociedade como um todo estaria melhor se os fundadores das startups pudessem tornar-se bilionários. O amplo valor que o Vale do Silício capturou ainda era significativamente inferior ao valor criado.

Mas é possível que as pessoas em Wall Street acreditassem na mesma coisa sobre sua indústria.

Então talvez tenha sido mais fácil não pensar muito nisso, porque quanto mais eu pensava a respeito, mais perto ficava do horizonte de eventos de um buraco negro de dúvidas.

O semestre passou em uma névoa. Atravessei sonâmbula as aulas de análise numérica e teoria computacional. Por mais gratificante que tenha sido intelectualmente aprender sobre cálculo lambda e autômatos finitos determinísticos, nada disso foi útil para lidar com meu atual dilema existencial envolvendo uma oferta de emprego explosiva e a relação entre a lei de propriedade intelectual e o poder corporativo. Eu senti como se estivesse esperando o resto da minha vida começar, porque não consegui resolver nenhuma das grandes questões candentes enquanto ainda estava no campus.

Durante meus quatro anos de graduação em ciência da computação, nunca tive que assistir a uma única aula sobre algo remotamente parecido com ética. Nenhuma das minhas tarefas de casa tinha como objetivo me ajudar a navegar pelas dinâmicas de gênero e raça ao me candidatar a empregos ou negociar salários. E nenhum dos meus livros explicou por que eu deveria me sentir bem em ganhar seis dígitos escrevendo software proprietário para uma empresa multibilionária quando um número cada vez maior de meus vizinhos estava ficando sem teto.

Eu não esperaria que isso acontecesse, é claro; parecia bobo até mesmo contemplar isso. Tudo era política, o que era irrelevante para a tecnologia. Eu teria que descobrir essas questões em outro lugar.

Meus colegas estavam em barcos semelhantes, ao mesmo tempo perdidos e satisfeitos, sem um mapa definitivo para entender tudo. Reunimos informações fragmentadas, às vezes contraditórias, de postagens de blogues, no Stack Overflow, no Quora, em grupos do Facebook; trocamos cartas de oferta e debatemos os méritos de negociar. Ouvi boatos sobre alguém que negociou com sucesso sua oferta de recém-graduado para obter 200 mil extras em ações. Achei que deveria pelo menos tentar, mas fui covarde demais para realmente considerar isso, e, em certo nível, parecia uma falta de educação fazê-lo quando eles já estavam oferecendo tanto dinheiro.

Minha família não tinha muito como me ajudar nisso. Minha mãe, assistente administrativa em minha universidade, não via sua carreira como algo que a definisse tal como eu, e, de qualquer forma, os termos de seu trabalho eram negociados coletivamente. O meu pai, em contrapartida, era o mais firme defensor do mundo da meritocracia, pois via suas realizações educacionais como tendo-o catapultado para fora da pobreza rural. Seu principal conselho para mim foi que eu me concentrasse em minhas conquistas acadêmicas, partindo do pressuposto de que tudo fluiria a partir daí – no ensino médio, voltar para casa com um B+ em um boletim era equivalente a uma traição a seus olhos. O máximo que eu poderia esperar dele era a aceitação relutante de que a ciência da computação fosse mesmo um diploma de verdade; todas as pessoas que ele via como intelectuais do mesmo calibre que ele tinham um doutorado em uma ciência exata. Ele não conseguia entender por que eu não estava interessada em fazer uma pós-graduação que me daria um emprego de prestígio em uma empresa farmacêutica.

Eu não sabia o que fazer. Eu não sabia com quem falar. Fiquei em conflito por me sentir em conflito quando, em primeiro lugar, este era claramente um problema frívolo. Alguns de meus colegas de outros departamentos não tinham nenhuma oferta de emprego e estavam pensando em contrair ainda mais dívidas estudantis para que pudessem se tornar mais empregáveis; eu deveria estar grata por ter qualquer coisa. Fiquei com raiva de mim mesma por dar tanta importância ao que era claramente um presente, um prêmio, algo a ser valorizado. Eu assinei a maldita oferta.

O mal-estar não desapareceu depois que assinei. Na ausência de conquistas técnicas pelas quais ansiar, concentrei-me nos aspectos materiais. Procrastinei o dever de casa lendo artigos sobre como morar em São Francisco. Baixei a planta de um novo prédio de apartamentos de luxo em South Beach. Elaborei um detalhado orçamento mensal: poupança, impostos, despesas mensais, despesas únicas amortizadas. Eu sabia que era uma distração, mas precisava do *frisson* das coisas físicas para não ter que me preocupar com minha falta de entusiasmo em relação ao trabalho.

Achei um pouco perturbador perceber que estava mais ansiosa pelo dinheiro do que pelo trabalho real. O que aconteceu com trabalhar por amor? Mas eu não sabia como me sentir de outra forma – apesar de terem um alto potencial de ganhos, os programadores deveriam ser motivados pelo desafio, e não pelo contracheque, e isso criava uma relação confusa com o dinheiro. Qualquer candidato a emprego que confessasse que precisava do emprego para pagar suas contas receberia um olhar desconfiado e uma recomendação de "não contratar". E ainda assim, quão entusiasmado alguém poderia estar realmente com "visualização de dados para planejamento de capacidade"?

Naquele semestre, outono de 2013, aconteceu que a cena emergente do hackathon universitário estava se espalhando como um incêndio. Eu não tinha nada melhor para fazer, então logo comecei a preencher meus fins de semana com viagens para hackathons em universidades próximas nos Estados Unidos, como MIT e Princeton. Foi uma fuga gratificante da faculdade, mesmo que fosse quase impossível explicar para as pessoas de fora por que eu tolerava viagens de ônibus de dez horas, dormir em ladrilhos de linóleo e sessões de programação em pares às 4 da manhã em troca de Red Bull, pizza e camisetas de startups. Algumas pessoas procuravam oportunidades de emprego, mas eu já tinha uma oferta, então estava atrás de algo um pouco mais intangível. Havia uma camaradagem inesperada nesses hackathons, e cada vez que respirava essas faíscas eu me sentia viva.

No meio da temporada de competições, o clube de hackathon da minha universidade recebeu um visitante que era uma espécie de celebridade em nosso mundo reconhecidamente insular. Alexis Ohanian, cofundador da bem-sucedida startup Reddit, apoiada pela Y Combinator, estava fazendo um tour para promover seu novo livro *Without Their Permission* [Sem a permissão deles] – como no truísmo da startup "peça perdão, não permissão". Fiquei impressionada ao conhecê-lo e com imensa inveja de seu sucesso. Depois da palestra, nós o levamos a um bar e tiramos uma rodada de fotos com ele, a qual foi orgulhosamente compartilhada nas redes sociais com a hashtag #withouttheirpermission.

Nosso clube de hackathon estava organizando um evento próprio, inspirado nos que frequentamos nas mais prestigiadas universidades estadunidenses. Mesmo que esse fosse o hackathon inaugural de nossa universidade, arrecadar dinheiro foi surpreendentemente fácil. Eu já tinha ajudado a organizar eventos para grupos de estudantes antes, mas esse era um jogo totalmente diferente: comida e transporte gratuitos, sem nenhum custo para os participantes, patrocinadores felizes em nos transferir milhares de dólares sem nunca nos encontrarmos pessoalmente. Algumas semanas antes do evento, percebemos que faltavam vários milhares de dólares e pedimos mais a um de nossos patrocinadores; eles desembolsaram o dinheiro imediatamente, sem fazer perguntas.

Eu não deveria ter me surpreendido – o patrocínio do hackathon já estava incluído nos orçamentos de recrutamento, pois eram eventos que serviam como um importante alimentador de estágios e empregos de tempo integral. Essa realidade criou uma relação peculiar entre patrocinadores e participantes: era um pouco como um açougueiro olharia para um bezerro. Exceto que esses bezerros ficaram felizes com o acordo; da perspectiva deles, parecia um bom negócio.

Para mim, a ideia de entregar a maior parte de minhas horas de vigília ao comando de uma companhia pouco inspiradora não parecia promissora. Eu esperava, além da razão, uma alternativa.

E então veio, do nada. Certo dia, eu estava fazendo minhas tarefas de casa no prédio de ciência da computação quando Nick parou para conversar. Eu não o encontrava há muito tempo, mas ele era fácil de se conviver e tínhamos trabalhado juntos em um projeto de hackathon. E se, ele propôs, fundássemos uma empresa juntos? Ele havia ingressado recentemente no laboratório de ciência da computação em que eu trabalhava e achava que o sistema de inferência que construí lá poderia se transformar em uma startup de sucesso. E como a pessoa que trabalhou nisso durante três anos, eu seria a CTO [gerente de tecnologia] perfeita. Ele pensou que poderíamos até entrar na Y Combinator, a aceleradora fundada por meu ídolo de startups, Paul Graham.

Eu já estava tecnicamente comprometida a trabalhar no Google, mas mesmo assim fiquei intrigada. Embora eu tenha devorado muitas postagens de blogues sobre startups e até lido histórias sobre startups no *Hacker News* quase diariamente, não me ocorreu que uma startup seria algo que eu pudesse simplesmente *fazer*. Mas parecia uma alternativa viável ao pavor que eu associava ao Google, então examinei o aplicativo da Y Combinator e tentei encontrar uma resposta inteligente para a questão de quando foi a última vez que "hackeei algum sistema (não computacional)". Duvidava que conseguiríamos entrar, contudo foi gratificante preencher o formulário, sentindo que fazia parte de uma nobre tradição que incluía os fundadores do Reddit.

Mas então, em meados de abril, quando eu estava estudando sem entusiasmo para meu último exame, recebemos uma resposta da Y Combinator: eles queriam que voássemos para a Califórnia no final do mês para uma entrevista de dez minutos. Parecia uma quantidade absurda de viagens para uma entrevista tão curta, mas eles cobririam alguns dos custos e, é claro, eu nunca perderia a oportunidade de ser entrevistada por eles.

Esse foi o momento em que tudo mudou. Com o e-mail de aceitação em minha caixa de entrada, ficou claro para mim que essa startup poderia ser uma alternativa real ao caminho sombrio com o qual havia me comprometido. Meu conhecimento sobre startups foi obtido principalmente de reportagens impressionantes na imprensa de tecnologia, postagens em blogues de fundadores e no romance *Cryptonomicon*, de Neal Stephenson, de 1999; em minha cabeça, era algo desafiador, glamouroso, talvez até perigoso. Finalmente, tive a chance de ser a heroína de minha própria história. De qualquer forma, se falhássemos, o Google sempre estaria lá.

Nick convenceu o professor que liderava o laboratório de pesquisa a participar desse novo empreendimento, e alguns outros estudantes também manifestaram interesse. Meu namorado, Liam, um engenheiro de software que já havia planejado voltar para a Inglaterra, decidiu que estava dentro com tudo; meu amigo Tim, que havia aceitado uma oferta de tempo integral para trabalhar em um banco de investimento, ofereceu-se para ingressar se precisássemos de um profissional de finanças.

No dia seguinte a meu último exame, voamos para a Califórnia e fomos até o escritório da Y Combinator em Mountain View. A conversa na van alugada rapidamente se acalmou quando paramos perto da placa laranja brilhante. Parecia um pouco berrante entre o verde e o cinza suaves de seus arredores suburbanos, mas naquele ponto era o tom de laranja mais glorioso que eu já tinha visto.

Através da janela, vimos uma fila de pessoas sentadas à mesa. Aquele era Paul Graham? E ao lado dele estava Sam Altman, o recém-nomeado presidente da aceleradora! Fizemos o check-in na recepção e nos juntamos aos demais entrevistados em uma sala de espera que tinha clima de acampamento de verão. As paredes também eram laranja, cobertas com o que pareciam enormes blocos de Lego. Pegamos uma mesa de piquenique grátis e avaliamos a concorrência. A maioria dos outros fundadores parecia ter a nossa idade; alguns editavam códigos furiosamente em seus laptops, enquanto outros testavam produtos físicos. A sala tinha a sensação nervosa do *American Idol*: das dezenas de candidatos naquela sala, apenas um número extremamente pequeno conseguiria entrar no programa, um fato de que todos estavam bem cientes.

Quando fomos chamados para a entrevista, ficamos desapontados ao ver que Paul Graham não estava em nossa sala. As perguntas passaram tão rapidamente que mal tivemos tempo de piscar. Dez minutos depois, saímos do local totalmente inseguros sobre nossas chances.

Mas estávamos na Califórnia e tínhamos um carro alugado, então sugeri que pegássemos a rodovia 1 ao sul, até Monterey, ao longo da costa do Pacífico. A combinação etereamente bela de sol, brisa e oceano azul profundo sob um céu azul-claro foi prejudicada apenas pelo fraco sinal de celular ao longo da estrada. Meu número de telefone era o cadastrado em nossa aplicação, e, se a Y Combinator gostasse de nós, eles ligariam para nos dar os parabéns; se não o fizessem, receberíamos um e-mail. Os outros ficavam me perguntando se o celular estava pegando sinal.

Em algum lugar perto do sopé das montanhas de Los Gatos, recebi uma notificação. "Lamento dizer..." Eu disse aos outros que recebemos um e-mail e nem me dei ao trabalho de lê-lo.

Mais tarde naquela noite, depois de nos retirarmos para nossos quartos de hotel, cada um de nós recebeu uma cópia de um e-mail de Nick com o assunto "Vocês erraram!". O e-mail, enviado a Paul Graham, afirmava que o nosso motor de inferência demográfica era literalmente o melhor do mundo em transformar dados sociais em *insights*, e que o nosso modelo de negócios de fornecimento de dados a plataformas publicitárias era equivalente à venda de pás durante a corrida do ouro. Durante um café da manhã continental rançoso na manhã seguinte, zombamos de Nick por sua bravata impetuosa, mas fiquei secretamente impressionada. Se ele se importava tanto assim, talvez pudéssemos realmente conseguir isso.

Quando voltamos para Montreal e suas ruas repletas de montes adormecidos de neve marrom, decidimos que, afinal, não precisávamos da validação de uma marca como a Y Combinator. Enquanto acreditássemos, poderíamos descobrir o resto.

4. FINGIR ATÉ CONSEGUIR

Como um empreendedor, eu tento ultrapassar os limites.
Pé na tábua.

Travis Kalanick em dezembro de 2014, enquanto era CEO da Uber. Ele foi destituído de seu cargo vários anos depois, após uma série de escândalos.[22]

Maio: primavera, a neve derreteu, Montreal mudando abruptamente da escória sombria do inverno para o calor escaldante do verão próximo. Passei no último exame por uma margem mínima e, depois de mudar de curso várias vezes ao longo dos anos, me graduaria como bacharel em ciência da computação e matemática.

A maioria das pessoas do meu ano planejava passar o verão viajando, saindo, jogando videogame. Eu, porém, estava me preparando para trabalhar mais do que nunca, em busca de algo maior do que eu. Eu nunca admitiria isso, é claro; se você perguntasse, eu daria uma resposta evasiva sobre querer trabalhar em algo interessante com pessoas de quem gosto. Mas a verdade é que eu estava perdida e esperando que esse último esforço me salvasse.

---

[22] Citação a um perfil no *The Guardian* em dezembro de 2014. Ver: Anthony, Andrew. "Travis Kalanick: Uber-Capitalist Who Wants to Have the World in the Back of His Cabs". *The Guardian*, 21 dez. 2014. Disponível em: https://www.theguardian.com/theobserver/2014/dec/21/travis-kalanick-uber-cab-app-observer-proifile.

Nick ofereceu seu apartamento como nosso escritório temporário, e transportamos meticulosamente algumas mesas e quadros brancos de segunda mão pelas escadas rangentes. O colega de quarto de Nick estava tendo aulas de verão e costumava nos encarar por cima do cereal matinal enquanto rabiscávamos furiosamente no quadro branco de sua sala de estar; Nick nos garantiu que seu colega de quarto concordou quanto ao acordo.

Nossa equipe fundadora sofreu mutações durante o verão – nossa inscrição na Y Combinator incluía um estudante de pós-graduação do laboratório que mais tarde decidiu que ainda não estava pronto para desistir. Quando a poeira baixou, nossos papéis foram decididos: eu como diretora técnica; Liam como diretor de operações, o que não significava nada, mas queríamos que ele tivesse um cargo de alto nível; Tim como diretor financeiro, para começar a trabalhar no final do verão; e Nick como o protótipo do CEO de 19 anos que abandonou a faculdade. O professor do laboratório estaria envolvido como consultor.

Não tínhamos certeza de qual seria o nosso modelo de negócios, mas não precisava me preocupar com isso; meu trabalho era construir a infraestrutura técnica. No início, protestei dizendo que não sabia realmente o que estava fazendo, mas logo a alegria do desafio veio à tona. Esbocei ideias de layout de infraestrutura em um caderno quadriculado, reunindo *insights* dos diferentes ambientes de programação nos quais eu havia trabalhado. Para acompanhar meu progresso, comecei a manter um diário no qual registrava laboriosamente todas as minhas conquistas técnicas e não técnicas no final de cada dia.

Descobrir nosso modelo de negócios era trabalho para o Nick. Ele nunca foi um programador particularmente entusiasmado, mas essa era uma tarefa para a qual ele era estranhamente adequado. Ele não tinha escrúpulos em pedir conselhos ou dinheiro às pessoas, ao passo que eu preferia morrer a enviar um mero e-mail. Ele ainda não tinha certeza de nossa visão de longo prazo, mas pensou que poderíamos começar vendendo para todas as empresas de análise de mídia social na área local e aprender iterativamente a partir daí, seguindo o modelo "Lean Startup" [Startup enxuta] proposto pelo empreendedor Eric Ries. Nick estava confiante de que lá para setembro estaríamos vendo lucros.

Nosso primeiro passo foi incorporar e lidar com a burocracia. Começamos como uma Delaware C-Corp,[23] o que sabíamos ser comum para startups tecnológicas, pois simplificava a arrecadação de dinheiro junto de investidores estadunidenses e também reduzia nosso custo fiscal. Nossos advogados trabalhavam para um prestigiado escritório de advocacia do Vale do Silício, acostumado a lidar com startups, e ficaram felizes em adiar o pagamento até que aumentássemos nossa primeira rodada. A incorporação foi fácil: um rápido telefonema, alguns formulários para preencher e digitalizar.

O próximo passo foi um pouco mais difícil. Queríamos nos mudar para os Estados Unidos, e principalmente para a Bay Area, porque parecia ser lá que estavam todas as startups legais. Mas a maioria de nós não tinha cidadania estadunidense, e uma chamada para um advogado de imigração revelou que a mudança não seria fácil, especialmente se não tivéssemos dinheiro. Mesmo depois de levantar uma rodada de financiamento, a obtenção de vistos poderia exigir o uso de truques legais, como fingir que tínhamos outro escritório no Canadá. Enquanto estávamos presos aqui, poderíamos também nos concentrar

---

[23] É uma entidade separada de seus acionistas e, portanto, as corporações C oferecem proteção de responsabilidade limitada a diretores e acionistas. Além disso, a C-Corp difere de outros tipos de empresas na tributação e na capacidade de levantar capital de investidores, embora compartilhem a mesma estrutura.

na construção de um negócio sustentável. Pelo menos o aluguel era barato.

Além do mais, o Quebec aparentemente estava inundado de dinheiro do governo para financiar startups; todos os empresários que não eram do Quebec que conhecíamos contavam que estavam com inveja da gente.[24] Ao analisarmos o assunto, descobrimos que não éramos elegíveis para financiamento a menos que estivéssemos incorporados no Quebec. Nick gostou da ideia de criar uma subsidiária canadense, mas eu estava relutante em relação a isso, protestando que o objetivo do programa era estimular a ciência real. Como fundadora de uma startup, dinheiro de graça seria bom, mas, como cidadã, eu queria que o financiamento do governo fosse destinado a empreendimentos socialmente úteis. Essa startup podia ser um problema técnico divertido, mas eu não tinha ilusões sobre sua utilidade social.

Em meados de junho de 2014, me deparei com um empreendedor que estava enfrentando exatamente o tipo de problema que eu gostaria que estivéssemos enfrentando. A *Fortune* acabara de publicar um perfil brilhante sobre Elizabeth Holmes, que fundou a startup de tecnologia médica Theranos depois de abandonar Stanford aos 19 anos.[25] Enviei o artigo para meus cofundadores com legendas como "ela é foda, né?" e "minha heroína". Depois de dez anos, sua empresa havia levantado mais de 400 milhões de dólares, aumentando para uma avaliação de 9 bilhões de dólares. Seu ex-professor de Stanford

---

[24] O governo canadense administra um programa chamado SR&ED (Scientific Research and Experimental Development, ou Pesquisa Científica e Desenvolvimento Experimental, em português), que fornece às organizações qualificadas créditos fiscais para salários e outras despesas, e o governo do Quebec oferece financiamento suplementar.

[25] Parloff, Roger. "This CEO is Out for Blood", *Fortune*, 12 jun. 2014. Disponível em: https://fortune.com/2014/06/12/theranos-blood-holmes/.

estava no conselho da empresa, assim como alguém chamado Henry Kissinger, que parecia importante. Os paralelos com minha startup – nosso CEO também era um jovem de 19 anos que abandonou a faculdade e abriu uma empresa com seu professor – não passaram despercebidos para mim, mesmo que nossa tecnologia fosse muito menos revolucionária e nossa universidade menos prestigiada.

Em compensação, Elizabeth Holmes levou uma década para chegar ao ponto em que recebia artigos elogiosos em revistas importantes. Estávamos há menos de dois meses com nossa startup e eu já estava ficando farta. Em junho, Nick foi a Nova York para se encontrar com uma empresa de tecnologia publicitária que havia prometido que seria nosso primeiro cliente. A empresa queria primeiro uma demonstração, e ele me ligou no meio da reunião na manhã de segunda-feira para transmitir o pedido.

"Eles querem que esses usuários sejam classificados o mais rápido possível", me explicou, com um ruído ao fundo.

"Mas eu te disse que estou reescrevendo", respondi, incrédula. "Não posso fazer isso agora."

"Largue tudo em que você está trabalhando e faça isso", insistiu. "Acho que podemos fechar esse negócio."

Desliguei, fervendo de raiva por Nick ter prometido mais uma vez algo que não tínhamos. Havia certa lógica nisso: se eles não mordessem a isca, eu não teria perdido tempo construindo um produto inútil e, se o fizessem, simplesmente trabalharíamos muito para concluí-lo a tempo. Ainda assim, a atitude de Nick de fingir até conseguir, de pedir perdão e não permissão, estava começando a me irritar, especialmente quando era eu quem tinha que fazer o trabalho de verdade sempre que vendíamos alguma coisa que não existia.

No final, não consegui fazer o sistema funcionar a tempo, então tivemos que gerar manualmente os dados. Era irritante, confuso e possivelmente antiético, mas ninguém jamais saberia; afinal, eram apenas negociações. Mas não fiquei feliz com isso e fiquei ainda mais irritada quando descobri que a venda era mais incerta do que Nick tinha feito parecer. Mais tarde naquele dia, enviei a ele uma enxurrada de mensagens cheias de ira no Slack explicando que não poderia trabalhar com ele se não pudesse confiar nele. Nick respondeu que estava apenas tentando fazer o que era melhor para nossa empresa; ele temia que estivéssemos nos movendo muito devagar. Isso foi justo. Resolvi tentar novamente.

Em julho, nos unimos em torno de uma história em quadrinhos popular que representava os altos e baixos da jornada de uma startup, retratando um período de tristeza que acabaria por dar lugar à terra prometida, onde tudo iria para cima e para a direita.[26] Tínhamos certeza de que chegaríamos lá eventualmente. No momento, porém, ainda estávamos nos acostumando com os estilos e hábitos de trabalho um do outro, e foi difícil. A atmosfera na sala oscilava descontroladamente entre o entusiasmo febril e os momentos silenciosos e monótonos. Ainda não tínhamos um produto funcional e nossos únicos contratos eram do tipo evasivo; tudo o que tínhamos em nossa conta bancária eram alguns milhares que ganhamos em uma competição de empreendedorismo na universidade. Nessa atmosfera incerta, a menor coisa poderia nos derrubar.

Um dia me deparei com um perfil na *Wired* sobre alguns fundadores de startups que moravam em uma casa de hackers em São Francisco.[27] Eles eram jovens, inteligentes e trabalhado-

---

[26] O gráfico original é frequentemente atribuído a Paul Graham, que supostamente o desenhou em um quadro branco em colaboração com outros parceiros da Y Combinator durante um evento privado para os fundadores da Y Combinator. Disponível em: https://andrewchen.co/after-the-techcrunch-bump-life-in-the-trough-of-sorrow/.

[27] Lewis-Kraus, Gideon. "One Startup's Struggle to Survive Silicon

res; oscilavam entre superotimistas e profundos cínicos; a startup deles não deu certo. O artigo detalhou a redução gradual de seus objetivos pelos fundadores, desde sua ambição inicial altíssima de construir algo que mudasse o mundo até a criação de um plug-in banal de comércio eletrônico com base no conselho de seus investidores. Não só não se tornaram milionários, mas a autonomia que pensavam ter como fundadores era apenas ilusória, uma mortalha para esconder a verdade de um sistema que beneficia principalmente aqueles que já tinham dinheiro.

O artigo me acertou como um tijolo na cabeça e, de repente, não me senti motivada para voltar a programar. Racionalmente, eu sabia que era quase certo que falharíamos, mas a única maneira de me motivar no dia a dia era comportar-me deliberadamente de forma irracional – fingindo que éramos uma das poucas startups que teriam sucesso e colocando meu coração nisso. Eu me perguntava quanto do novo *boom* tecnológico era sustentado pelos sonhos ingênuos de aspirantes a fundadores de startups como nós, vivendo de poupanças e dívidas de cartão de crédito, trabalhando em problemas nos quais eles *realmente* não acreditavam porque pensavam que era a única maneira de atingirem o sucesso – porque viam isso como o caminho para a fama e a fortuna, ou pelo menos uma alternativa menos mundana do que trabalhar das 9h às 17h. Quando, na verdade, eles estavam apenas fazendo pesquisa e desenvolvimento baratos para outras empresas.

Dei-me alguns minutos para mergulhar na depressão e então me recompus para poder voltar à nova estrutura de testes que estava prototipando. Eu poderia me entregar à melancolia depois que saíssemos. Nesse momento, minha lista de tarefas aguardava.

Valley's Gold Rush". *Wired*, 22 abr. 2014. Disponível em: https://www.wired.com/2014/04/no-exit/.

Lá para julho, apesar dos contratempos ocasionais, as coisas pareciam estar indo razoavelmente bem. Estávamos mais atrasados do que esperávamos, mas pelo menos gostávamos uns dos outros o suficiente para querer continuar trabalhando juntos. Tim ainda não tinha começado a trabalhar, então Liam, Nick e eu planejamos uma viagem a São Francisco para nos encontrarmos com potenciais parceiros e sair com outros fundadores. Foi também uma desculpa para absorver a cultura do Vale do Silício, porque Montreal não tinha muitas startups de tecnologia e preferíamos estar onde estava a ação.

Nossa primeira reunião foi em uma empresa de publicidade móvel no [bairro] SoMa. Nós nos empanturramos de frango frito e waffles em um bar próximo, provocando um mal-estar que não passou pelo resto do dia. O escritório deles era um típico loft de startups, com uma estética de armazém industrial falsa, pisos em plano aberto e salas de conferências com nomes peculiares. Deveríamos nos encontrar com o "VP de Aquisição de Talentos" (é assim que funcionam os títulos de startups) e não tínhamos certeza se ele queria investir em nós, ser nosso parceiro ou nos adquirir. Após alguns minutos de reunião, todos nós decidimos de forma independente que não queríamos nada disso. O referido vice-presidente também não parecia ter muito interesse em discutir nosso relacionamento – a maior parte da reunião contou com ele detalhando laboriosamente o brilhante modelo de negócios de sua empresa, que estava gerando montanhas inacreditáveis de dinheiro para seu empregador ao facilitar a publicidade em vídeo em tela cheia no celular. Ele parecia quase surpreso com tudo isso. Era como se ele tivesse que continuar dizendo isso em voz alta para absorver.

Depois de uma hora desse monólogo indesejado, saímos cambaleando de lá, em um estranho torpor, parando do lado de fora da porta para ajustar nossa orientação. Estava ensolarado, e o céu de um azul alto e frio e o ar tinha aquele frescor estranho do verão de São Francisco que sempre era uma surpresa. Nos entreolhamos: o que diabos aconteceu? Por que nos sujeitamos a uma hora acenando com a cabeça para as intermináveis jactâncias de um cara de startup presunçoso sobre as proezas financeiras de sua empresa? Seria assim a vida de uma startup? Conversar ajudou a dissolver o estresse; nosso caminho pode ser difícil, mas pelo menos não estávamos trabalhando para *aquele* cara.

À noite fomos para uma festa em Bernal Heights. A pessoa que nos convidou era um jovem fundador com quem Nick tinha se conectado recentemente no LinkedIn e não sabíamos o que esperar. Acabou sendo uma casa de hackers habitada por cerca de uma dúzia de pessoas do cenário de startups, todos fundadores ou futuros fundadores esperando pela inspiração certa para atacar. Um dos habitantes era um bolsista Thiel – o que significa que o cofundador do PayPal e controverso bilionário Peter Thiel lhe pagou 100 mil dólares para adiar a universidade – e ele deu dicas a Nick sobre sua própria inscrição no programa. Eu era a única mulher presente e, além de nós, só havia um participante não branco, que não morava na casa; com o passar da noite, seu papel começou a parecer o de um saco de pancadas para os moradores da casa.

Alguém decidiu por um concurso improvisado de *pitching* e um projetor apareceu do nada. O outro cara não branco foi escolhido para ir primeiro. Ele havia se mudado recentemente do Leste Asiático para cá e seu inglês era bastante elementar. Ninguém parecia entender completamente o que sua startup fazia, e ele não era fluente o suficiente nas normas culturais para responder às perguntas do público de uma forma satisfatória. Logo a vibração se tornou cruel e havia uma alegria desenfreada na plateia quando ele tropeçava nas palavras ou perdia o subtexto de uma pergunta. Nick estava bêbado e pareceu não notar, mas eu estava ainda mais desconfortável do que quando observei pela primeira vez a proporção de gênero na festa, e Liam também não parecia feliz.

Finalmente, alguém interrompeu o espetáculo humilhante e foi a vez de Nick. Eu estava preocupada que ele também fosse eviscerado, mas o inglês de Nick era bom e o público percebeu que ele era um deles. Foi menos o que ele disse e mais a maneira como o disse: seu discurso estava salpicado de palavrões casuais, e ele claramente não estava tentando impressioná-los, e foi isso que os impressionou.

Com o fim da rodada de *pitches*, chamei um carro da Lyft para nós e cutuquei Nick em direção à porta, citando reuniões matinais. Enquanto Nick roncava no banco da frente, Liam declarou calmamente que não queria se mudar para São Francisco se esse fosse com esse tipo de pessoa que estaríamos saindo. Eu compartilhava de seu desconforto, mas não estava pronta para concordar. Talvez as casas de hackers tenham atraído apenas as piores partes de São Francisco? Eu ainda queria me mudar para cá, disse a ele; afinal, que outro lugar seria mais adequado ao caminho que havíamos escolhido?

A viagem à meia-noite pelas colinas enevoadas foi inesperadamente pacífica. Nosso motorista da Lyft nos guiou silenciosamente pela cidade, às vezes olhando para o telefone em busca de instruções. Longe dali, luzes piscantes dançavam para cima e para baixo ao longo de uma ponte enevoada.

De volta a Montreal, as coisas estavam melhorando. Nosso ambiente de trabalho era esquálido, mas isso era quase glamouroso por si só; eu tinha certeza de que os fundadores que eu idolatrava haviam começado como nós, trabalhando em uma sala de estar desarrumada, cercada por xícaras de café e embalagens de comida para viagem. Frequentemente, eu ficava no apartamento depois da meia-noite, fazendo de vez em quando uma pausa na programação para ler livros sobre startups deitada no futon. Mesmo uma infestação recorrente de formigas não arruinou o clima – no máximo, às vezes eu só tinha que perambular pelo apartamento arrastando minha cadeira giratória enquanto Nick obstinadamente derramava sabão em pó nas rachaduras do piso.

Uma noite, estávamos apenas Nick e eu no escritório. À medida que o relógio marcava quase meia-noite em uma sala repleta de carcaças de formigas e embalagens plásticas, Nick explicou que todos teríamos que mudar um pouco se quiséssemos construir uma empresa de sucesso. Eu disse a ele que concordava, embora, com toda a honestidade, não tivesse certeza se estava pronta para isso. Ele respondeu que teríamos que fazê-lo se não quiséssemos ficar presos administrando um negócio de estilo de vida[28] que se limitasse a meros 10 milhões de dólares em receitas. Eu ri, lembrando-lhe que era bobagem zoar a ideia de uma empresa ganhar milhões de dólares quando tínhamos exatamente zero dólares de receita, mas eu sabia que ele estava certo. Se algum dia nos tornássemos uma empresa de nível médio, com apenas ambições modestas, poderíamos muito bem vendê-la e passar para algo maior e melhor.

Em agosto, eu decidi: estava pronta. Eu sabia que isso poderia ser apenas mais uma manobra de falsa esperança no ciclo de vida da startup, mas realmente pensei que conseguiríamos. Nunca tinha crescido tanto ou me divertido tanto em tão pouco tempo. Embora minhas economias estivessem se esgotando a

[28] *Lifestyle company/business*, no original. Caracteriza-se por ser um modelo estratégico de gestão e de crescimento de uma empresa que não visa o crescimento absoluto, mas possui um objetivo específico determinado para sustentar um nível específico de renda e fornecer uma base para que seus fundadores desfrutem de um estilo de vida específico.

um ritmo alarmante, ainda assim parecia 100% valioso e eu não teria trocado aquilo por nada.

Eu me sentia mal com a perspectiva de recusar minha oferta do Google, mas era um contrato de trabalho à vontade; renegar era apenas um pouco pior do que desistir no primeiro dia, o que seria válido, embora bizarro. Meu recrutador foi surpreendentemente compreensivo sobre minha mudança de opinião, dizendo-me que a porta estaria sempre aberta se eu mudasse de ideia. Isso foi um alívio; eu estava preocupada em ser banida. Quase parecia injusto que eu pudesse me safar de tanta coisa.

Enquanto isso, estávamos desenvolvendo uma compreensão mais clara da indústria e de nosso lugar potencial dentro dela. Uma reunião da equipe terminou com Nick desenhando um diagrama no quadro branco mostrando outras empresas no espaço como verticais e uma caixa larga embaixo. A caixa poderia ser a gente, explicou Nick com entusiasmo; poderíamos ser a camada horizontal por baixo de todo o resto, a plataforma de dados da qual todas essas outras empresas dependiam. Estávamos há meses fora da faculdade e nem sequer tínhamos um produto funcional, mas já podíamos ver um caminho para nos tornarmos uma empresa de um bilhão de dólares cobrando aluguel de outras empresas que precisavam de nossos dados. Por que não? Outros fundadores fizeram o mesmo com outras indústrias; não éramos tão bons quanto eles?

(Nunca nos perguntamos se nossa visão de domínio sobre o ecossistema era boa para mais alguém. O bem social nunca foi o nosso modo de pensar. Tudo o que nos importava era como *nós* poderíamos dominar, com nossa tecnologia sendo um meio para extrair renda de cada transação.)

O verão passou rápido. Sacos de lixo amontoavam-se na cozinha e eram removidos periodicamente para revelar colônias inteiras de formigas por baixo. Começamos a assistir juntos a episódios de *Silicon Valley* na HBO e, embora eu soubesse que o objetivo era zombar da cultura do Vale do Silício, ainda assim achei inesperadamente inspirador. Estávamos trabalhando à noite e às vezes nos finais de semana, convencidos de que o sucesso estava próximo – assim que implementássemos esse novo recurso ou fechássemos essa oportunidade promissora. Eu acreditei nisso mesmo quando passava metade de meu tempo apagando incêndios enquanto esticávamos continuamente os limites de nosso sistema, em vez de realmente progredirmos na construção de novos recursos. Mas certamente isso era normal; toda startup de sucesso tinha histórias de servidores pegando fogo em algum momento. O lema do Facebook era, até recentemente, "Mova-se rápido e quebre as coisas".[29]

Durante muitos dias, testemunhei o relógio do escritório bater doze duas vezes. A curta caminhada para casa pelas ruas tranquilas e arborizadas era revigorante; eu me sentia esgotada, mas no bom sentido, como se tivesse estabelecido um recorde pessoal. Ainda não sabíamos o que estávamos fazendo, mas eu acreditava firmemente no poder transformador do trabalho árduo e tinha certeza de que descobriríamos isso ao final desse redentor batismo de fogo.

Mas minhas dúvidas nunca foram completamente dissipadas e uma noite conversei com Nick sobre elas. Poderíamos realmente fazer isso? Tínhamos acabado de nos formar na universidade – desistido, no caso de Nick – e ainda assim pensamos que poderíamos fazer uma diferença nesse enorme mercado. Pessoalmente, eu precisava construir um sistema de inferência robusto que superasse os concorrentes já consolidados, muito

---

[29] Em abril de 2014, Mark Zuckerberg anunciou que o infame lema do Facebook "Mova-se rápido e quebre as coisas" seria alterado para o menos cativante "Mova-se rápido com uma infraestrutura estável". Disponível em: https://mashable.com/2014/04/30/facebooks-new-mantra-move-fast-with-stability/.

mais personalizados e com milhões a mais em financiamento. Em nossa era pós-Zuckerberg, eu sabia que isso era teoricamente *possível*, mas ainda tinha medo de beber o Ki-suco.[30] Parecia uma ilusão acreditar que poderíamos realmente ter sucesso.

Mas *poderíamos*, Nick insistiu. As empresas que dominavam o mercado no momento não eram inabaláveis; se trabalhássemos mais do que eles, se melhorássemos mais rápido do que eles poderiam melhorar, se fôssemos mais enxutos e mais dispostos a correr riscos do que eles, então poderíamos vencer.

Mas as grandes empresas tinham diretrizes internas, padrões profissionais e recursos de RH aos quais recorrer caso algo desse errado; nossa equipe era pequena, com políticas aleatórias e nenhum mecanismo de responsabilização além de nós mesmos. Nos dias mais sombrios, quando Nick estragou o agendamento de outra reunião ou corrompeu outra planilha, eu estava prestes a desistir. Tudo o que tínhamos era a confiança um no outro, e às vezes isso se desgastava. E quando estávamos todos atolados na miséria, era fácil atacar.

Um dia, Nick cometeu um pequeno erro que me levou ao limite, e eu respondi: "Você sabe que recusei trabalhar no Google por causa disso, certo?". Esse era meu trunfo, mas assim que disse isso, senti uma pontada de culpa. Eu sabia que Nick estava fazendo o melhor que podia e, de qualquer forma, o que disse não era verdade. Para ser sincera, não recusei o Google por isso. Essa startup foi apenas a desculpa; eu provavelmente teria

---

30 "Beber o Ki-suco" é uma tradução literal de "drink de Kool-Aid", uma referência ao incidente em Jonestown, na Guiana, em novembro de 1978, onde centenas de seguidores do reverendo Jim Jones e seu Peoples Temple cometeram suicídio em massa ao tomar suco instantâneo em pó envenenado. A expressão "beber o Ki-suco" significa acreditar em algo sem questionar as intenções por trás disso. (N.T.)

aproveitado qualquer desculpa decente que aparecesse se tivesse esperado o suficiente.

Por que eu realmente recusei o Google? Eu ainda estava juntando as peças da resposta sozinha. Parte disso era que eu não conseguia encontrar uma maneira de conciliar meu compromisso ideológico com o código aberto com o trabalho no Google; outra parte era um vago desconforto em relação à desigualdade que vi naquele verão em São Francisco e para a qual não queria contribuir ativamente. Mas, por trás de tudo, estava um medo inominável de me aprisionar, o que eu sabia ser uma vaidade irracional, mas do qual ainda assim não conseguia me livrar. No final, não consegui suportar a ideia de voltar.

Mas essa startup – minha startup – seria diferente. Essa startup seria exatamente o que eu precisava.

Setembro avançou em uma torrente de folhas ruivas e noites frescas. Já deveríamos ser lucrativos, mas ainda não tínhamos um único cliente pagante.

Quando as coisas não iam bem, ficava mais difícil manter a coesão da equipe. Desiludidos, com a onda inicial passando, nós nos agredíamos com mais frequência. Liam estava trabalhando em um novo recurso de agrupamento na esperança de conquistar um cliente em potencial, mas um dia Nick declarou que o trabalho de Liam era inútil e que ele deveria estar trabalhando em um minipivô para a tecnologia de publicidade que Nick havia decidido, unilateralmente, que precisávamos ter. Eu estava ficando cansada da gestão errática de Nick, mas envergonhada pelo pouco que sabia sobre rastreamento de pixels e, de qualquer forma, temia que ele pudesse estar certo, então resolvi escrever um resumo em meu diário encharcado de hostilidade passivo-agressiva.

No dia seguinte, Nick me disse que eu estava muito devagar quando deveria entregar algo o mais rápido possível. Fiquei imediatamente magoada, mas não pude discordar. Respondi que entendia os imperativos do negócio, mas ainda queria que nossa tecnologia fosse boa o suficiente para nos separar dos concorrentes. Não foi isso que realmente me motivou – eu queria construir boa tecnologia pela boa tecnologia, independentemente do valor comercial – mas sabia que não deveria explicar isso para Nick. Eu *sabia* que as métricas de negócios eram as únicas que importavam no final e eu simplesmente odiava que isso fosse verdade.

Nesse ínterim, acompanhávamos notícias de startups de sucesso como se fossem relatos de uma ilha distante que queríamos visitar. Liam e Nick idolatravam especialmente a SpaceX, e sempre que havia um lançamento de foguete SpaceX muito emocionante, fazíamos uma pausa e nos reuníamos em torno do laptop de Liam para assistir à transmissão ao vivo. Então, depois de ouvir sobre as ambições de Elon Musk de construir uma colônia em Marte, Nick disse que essa era uma oportunidade pela qual consideraria abandonar nossa startup.

"O quê, viver em Marte?" perguntou Liam em dúvida. "Você sabe que nunca mais poderia voltar, certo?"

"Tudo bem", respondeu Nick alegremente. "Eu trabalharia remotamente."

E então, milagrosamente, um interruptor foi acionado e as coisas começaram a melhorar. Uma grande empresa de hospedagem em nuvem nos ofereceu hospedagem gratuita por um ano como parte de um programa de apoio a startups; poderíamos finalmente sair do pequeno servidor que estávamos usando e buscar um hardware melhor. E alguém cuja empresa foi adquirida pela Salesforce – outra das conexões bem-sucedidas de Nick no LinkedIn – passou no escritório uma noite para nos dizer que deveríamos tentar fechar um contrato com eles também, já que estavam em processo de negociação com um de nossos concorrentes. Isso iria muito além de nossa envergadura e seria também um compromisso importante, mas significaria dinheiro e um grande nome de cliente para nossa apresentação. Pesamos isso com toda a gravidade de uma decisão entre iguais. A possibilidade de que nossa tecnologia fosse boa o suficiente para conseguirmos um contrato com uma empresa tão bem-sucedida quanto a Salesforce foi suficiente para nos animar.

As aulas haviam começado de novo, e era estranho estar cercada por alunos do primeiro ano tocando dubstep a todo volume e enxugando latas de cerveja enquanto tentávamos trabalhar. Lentamente, a infraestrutura técnica foi refinada e meu mecanismo de inferência de dados ficou cada vez melhor. Nossa base de código Python estava infestando meus sonhos; uma noite sonhei que fui atacada por uma píton de quarenta metros. Em um sonho diferente eu tentava consertar falhas em um recurso no qual estava trabalhando, meu foco se restringia a uma única linha elegante de código; quando acordei, peguei meu laptop para confirmar que a solução de meus sonhos funcionava na vida real. E um dia testei meu classificador em alguns dados do mundo real apenas para descobrir que ele havia inferido alguns atributos melhor do que eu poderia inferir manualmente. Eu disse aos outros com entusiasmo que nosso sistema estava começando a adquirir senciência, embora talvez isso fosse apenas narcisismo projetado.

Enquanto o sistema melhorasse, eu poderia me sentir bem comigo mesma. Eu não teria que me sentir culpada por tirar uma noite de folga, porque algo tangencialmente associado a mim estava melhorando. Se eu não estivesse melhorando, ficaria parada, e isso era a pior coisa que poderia imaginar. Através desse sistema, porém, poderia alcançar uma espécie de imortalidade, permitindo-me transcender o reino mesquinho das questões empresariais, como a adequação do produto ao mercado ou a captação de dinheiro.

Em novembro, visitamos novamente São Francisco. Gostamos de encontrar desculpas para ir a essa cidade, com seu clima ameno e ambiente de sucesso de startups. Dessa vez, a desculpa foi *não* conseguir uma entrevista com a Y Combinator – nos inscrevemos novamente, até mesmo recebendo feedback de ex-alunos sobre nossas respostas, sem sucesso. Mas decidimos ir para a Califórnia de qualquer maneira, dando à viagem o apelido de Y Not [Porque não]. Estávamos aparentemente indiferentes à rejeição, mas realmente doeu; precisávamos de orientação, porque parecia que estávamos girando sem rumo.

Nick organizou várias reuniões para nós no dia seguinte à nossa chegada. A primeira foi em Palo Alto, e pela manhã pegamos o trem bem a tempo para almoçar em um terraço sob o sol suave da Califórnia. A reunião foi com o fundador de uma startup apoiada pela Y Combinator que criava ferramentas para otimizar o marketing em mídia social. O negócio deles era tão emocionante quanto o nosso, e seu discurso de elevador também parecia entusiasmado – o que não quer dizer muito, embora todos nós fingíssemos muito bem. Ainda assim, foi bom passar algum tempo com outro jovem fundador em nosso espaço, especialmente aquele cujo negócio estava mais adiantado no caminho do sucesso, e bebemos seus conselhos como se fossem um copo grande de água no deserto. Isso não nos tiraria daqui, mas pelo menos poderia nos manter vivos por tempo suficiente para encontrarmos uma saída.

Nossa próxima reunião foi na cidade de São Francisco, com uma startup de marketing que era maior, mais interessante e mais bem financiada. O escritório deles tinha janelas do chão ao teto com uma vista deslumbrante da cidade, e por um segundo me perguntei se eles estavam contratando. Já havíamos nos encontrado com eles antes – da última vez, quatro deles se reuniram com dois de nós, e fiquei ao mesmo tempo lisonjeada e alarmada por eles pensarem que valia a pena dedicar quatro horas de funcionários a nós. Dessa vez, havia apenas um deles, e a reunião começou com o pé esquerdo, pois na verdade eles não entendiam o que nosso produto fazia. Não tem problema, isso acontecia o tempo todo; às vezes também não tínhamos certeza do que nosso produto fazia.

As coisas melhoraram quando o executivo mencionou que estava usando um de nossos concorrentes diretos. Essa foi a nossa deixa para iniciarmos ansiosamente nosso discurso, apresentando números de precisão de vários testes de comparação e citando depoimentos de clientes que convencemos a abandonar a concorrência. Saímos da reunião esperançosos, embora não totalmente exultantes. Mesmo que fechássemos com esse cliente, seria apenas um pequeno contrato, e precisávamos de um foguete para que tudo isso valesse a pena.

Nosso próximo encontro foi do outro lado da Market Street. Era um edifício enganosamente antigo; pegar o elevador até o último andar revelou um típico escritório de startup, que você nunca imaginaria de fora. Estávamos aqui para ver um fundador com a nossa idade, cuja empresa estava muito à frente da nossa – eles tinham um escritório, dinheiro no banco e o distintivo de honra de terem sido selecionados pela Y Combinator. Os e-mails que recebemos do fundador estavam cheios de expressões como "visão", "trajetória" e "grande jogada", e ele era igualmente bombástico pessoalmente, nos dizendo o quanto estava orgulhoso de ter uma ideia com a qual se importava profundamente, e questionando por que não tínhamos uma ideia com a qual nos importávamos tão profundamente. Sua empresa ajudava as marcas a compreender o retorno de investimento de suas campanhas publicitárias. Ele tinha a aparência levemente vidrada de alguém que ganhou muito dinheiro e, no fundo, estava preocupado com a possibilidade de ter que devolvê-lo.

A iluminação da sala de conferências era escassa e ficar acordada durante a reunião logo se tornou um desafio. Não estava claro por que estávamos aqui, se esse cara continuaria se gabando de sua ideia brilhante e de seus muitos milhões no banco, em vez de realmente conversar. Ele não disse em seus e-mails que queria integrar nosso produto ao dele? Ele usou o termo "unir forças" várias vezes na reunião, mas não tínhamos certeza se ele se referia ao sentido de integração de produtos ou aquisição de talentos. Quando a reunião finalmente terminou, conversamos entre nós e decidimos coletivamente não dar seguimento.

Eram 6 da tarde e ainda tínhamos uma reunião. Estávamos um pouco esgotados e, considerando o andamento da última reunião, não nos sentíamos especialmente otimistas. Mas era uma visita social a um aconchegante loft de moradia e trabalho em SoMa para conhecer os fundadores de uma pequena startup apoiada pela Y Combinator. Pegamos cervejas e subimos até a cobertura, aproveitando a vista de 360 graus da cidade. Talvez tenha sido a vista, talvez tenha sido a cerveja, mas essa foi a melhor conversa que tivemos durante todo o dia. Esses caras tinham uma startup parecida com a nossa – também de tecnologia de marketing, também meio chata –, mas pela primeira vez durante todo o dia não conversamos sobre trabalho, e havia um sentimento real de parentesco que eu não sentia há algum tempo. Não pela primeira vez, nem pela última, fiquei esperançosa de que, afinal, poderíamos conseguir.

O outono se transformou em inverno. Folhas vermelhas caíam em cascata dos galhos manchados e lentamente se desintegravam na calçada. As temperaturas despencaram até que o ar pareceu alfinetar a pele. Liam, Tim e eu estávamos morando juntos e fizemos lobby para mudar o escritório para nossa sala de estar, em vez da de Nick. Fazia sentido do ponto de vista utilitário: uma pessoa caminhando na neve todos os dias era menos do que três. Além disso, nunca tínhamos visto formigas em nossa casa.

Em outras empresas em nossa área, o inverno costumava ser uma época do ano sonolenta devido aos feriados iminentes, mas estávamos determinados a trabalhar mais arduamente do que nunca. Em um fim de semana, Liam e eu decidimos lançar nosso próprio mini-hackathon para dar uma olhada em nossas listas de tarefas e ficamos trabalhando até as 4 da manhã. Depois disso, as 4 da manhã deixaram de parecer um horário incomum para estar acordado e as rugas sob meus olhos começaram a se estabelecer. Um dia, peguei um resfriado particularmente forte, mas ainda assim me forcei a cerrar os dentes e trabalhar em meio à neblina. Esse sofrimento só se aprofundaria.

O trabalho de Nick era conseguir reuniões com outras empresas. Geralmente iniciávamos o processo nos sentindo positivos ou neutros em relação à elas, mas, depois de algumas reuniões, nossa atitude geralmente se transformava em animosidade. Precisávamos do dinheiro dessas empresas para validação e crescimento, mas elas eram sempre rigorosas com isso e odiávamos ter que depender de sua generosidade. Em particular, insultaríamos o design de seus produtos e zombaríamos dos erros ortográficos em seus sites; nas reuniões, respondíamos humildemente às perguntas e concordávamos com suas exigências. Eu sabia que não era um grande sinal que nossa principal atitude em relação a nossos clientes fosse o desprezo, mas, seja como for, compensaríamos em volume.

Esse anseio de sermos atenciosos funcionou, de certa forma: várias das empresas com quem trabalhávamos disseram que admiravam o que havíamos conseguido e queriam unir forças. Por um lado, isso aumentava nossa autoestima; por outro, ficávamos ressentidos por eles acreditarem que poderiam nos adquirir – como se nos contentássemos em trabalhar como um mero laboratório de pesquisa e desenvolvimento para uma empresa de estilo de vida de outra pessoa. Eles não percebiam que nossa ambição excedia em muito as deles?

Meu orgulho estava misturado nisso. Se eu fosse trabalhar para a empresa de outra pessoa, poderia muito bem ser para o Google, ao invés de uma pequena empresa canadense da qual ninguém nunca tinha ouvido falar. Havia uma hierarquia em minha mente, e a colina brilhante do Vale do Silício, com sua torneira de dinheiro fluindo de forma livre e com marcas veneradas, estava firmemente no topo. Parte de mim suspeitava que essa era uma maneira pouco saudável de pensar, mas eu não sabia como ver o setor, exceto através de lentes financeiras.

Tentamos não nos distrair muito com ofertas de aquisição, pois já tínhamos muito que fazer apenas decidindo sobre um produto. Toda semana, Nick sugeria um novo nicho para explorarmos: em uma semana, era um conjunto de serviços não especificados para melhorar a experiência de publicidade no Twitter; em outra, estava aumentando as ferramentas de compartilhamento social; em uma terceira, estava ajudando marcas de consumo a entender sua base de clientes por meio de criação de *clusters*.[31] Em janeiro, Nick estava convencido de que havia encontrado nosso nicho, dessa vez de verdade: comércio eletrônico. Meu trabalho era fazer pesquisas de mercado e descobrir como integrar nossa tecnologia e, embora eu não tivesse nenhum interesse na área, Nick me pediu para fazer uma pausa na codificação para conduzir uma investigação desconexa de empresas com nomes como SailThru e TellApart.

---

[31] Sistema que conecta uma série de computadores em rede fazendo-os trabalharem de maneira conjunta no processamento de tarefas, resolução de problemas ou integridade de dados.

Liam, por sua vez, odiava apaixonadamente o comércio eletrônico. Em vez disso, ele pensou que deveríamos criar ferramentas para ajudar os criadores de conteúdo a entender melhor as mídias sociais. A campanha #gamergate[32] estava a todo vapor e nós a acompanhamos com avidez, menos como um fenômeno cultural e mais como uma ocasião para testar nossa tecnologia. Deixamos de lado as implicações de um exército de homens insatisfeitos construindo um movimento em torno do assédio às mulheres – queríamos apenas capitalizar isso com um produto viral.

Nick não estava tão otimista quanto à ideia de vender nosso produto para pessoas físicas; mas, sim, preocupado com as vendas corporativas. Então Liam sugeriu um meio-termo: uma ferramenta de descoberta de público que ele descreveu como "Tinder para anunciantes". Apresentamos isso a uma agência de publicidade localizada coincidentemente na esquina de nosso apartamento, e eles perguntaram se poderiam usar isso para diferenciar as "Vanessas" das "Monicas" na base de clientes de uma marca – as primeiras eram mulheres trabalhadoras profissionais que estavam felizes em ostentar roupas de grife; as últimas, mães mais interessadas em bens domésticos. Passei os próximos dias pesquisando seguidoras de contas como Vogue e Sephora no Twitter para encontrar candidatas para essas personagens de marketing um tanto caricaturais.

Essa mudança constante seria um sinal de que fomos superados por empresas maiores que queriam terceirizar o trabalho pesado para uma startup ingênua? Ou foi uma estratégia de

---

[32] GamerGate (GG) foi uma campanha misógina de assédio online vagamente organizada por simpatizantes da direita política como reação contra o feminismo, a diversidade e o progressismo na cultura dos videogames. Foi conduzido primeiro através da hashtag "#Gamergate" em 2014 e 2015. (N.E.)

princípios aprovada pelo conceito de Lean Startup para avançar em direção à adequação do produto ao mercado? Qual foi a diferença? Ignorei principalmente o lado comercial para me concentrar no campo de batalha de nossa infraestrutura técnica; eu estava atenta às reclamações dos clientes sobre nossa Interface de Programação de Aplicações [API, Application Programming Interface em inglês]. Os outros poderiam descobrir nossa estratégia de entrada no mercado.

Fevereiro de 2015 parecia o equivalente sazonal do vale da tristeza: o vento cortante uivando no horizonte, o ar gelado tornando cada respiração mais nítida. À medida que o tempo piorava, nosso humor também piorava. Nada estava acontecendo, ninguém tinha certeza de nada e, na ausência de distrações externas, descarregamos nossa raiva um no outro. Eu gritei com Liam por estragar uma implementação de redes neurais, Liam estava bravo com Nick por mudar continuamente de ideia e Nick estava frustrado com o resto de nós porque não estávamos trabalhando com rapidez suficiente. Achei que o comportamento de Nick era quase antiético, possivelmente o resultado de ter lido muitas biografias de Steve Jobs, mas ele pensou que estava fazendo o que era necessário para nos motivar. O clima começou a ficar pesado e nossas brigas às vezes se desintegravam em um tratamento silencioso para toda a equipe.

Certa semana, quando a atmosfera estava particularmente ácida, aconteceu que nosso servidor principal sucumbiu sob graves falhas de hardware. Não havia nada que pudéssemos fazer a respeito e não havia nada que pudéssemos fazer sem ele, então Liam e eu decidimos aliviar a dor jogando. Voltamos a um antigo MMORPG que ambos jogávamos independentemente quando crianças e passamos vários dias submersos no mundo idílico de RuneScape, cavucando XPs ao clicar em blocos de pixels pelas pequenas alegrias de alcançar um progresso quantificável em direção a um objetivo definido. Mesmo depois que os problemas de hardware foram corrigidos e pudemos voltar ao trabalho, por algumas semanas mantivemos uma janela do navegador aberta em segundo plano para levantar passivamente nossos níveis enquanto trabalhávamos. Nick às vezes nos olhava de soslaio, mas nunca dizia nada; tinha sido um longo inverno e estávamos todos fracos.

Primavera novamente. A neve derreteu e ficou imediatamente quente. Nesse ar renovado, senti-me de novo cautelosamente otimista. Em abril, conseguimos nosso primeiro cliente pagante: uma startup de consultoria política ligada à campanha presidencial de Barack Obama em 2008. Na verdade, gostei dessa empresa e foi gratificante ter seu voto de confiança.

Ainda assim, nossa receita total foi insignificante em comparação com o que nossos concorrentes estavam arrecadando. Certa tarde, nos reunimos em torno do computador de Nick para examinar o site de um concorrente muito importante, que tinha semelhanças, de maneira preocupante, com a forma como nos vendíamos. Talvez fosse paranoia, mas víamos futuros concorrentes em todos os lugares – cada aplicativo de consumo que chegasse ao topo do Product Hunt[33] poderia se tornar um rival se algum dia decidisse vender os dados que seus usuários lhes forneceram involuntariamente. Nick achou que deveríamos avançar nisso criando nosso próprio aplicativo

[33] O Product Hunt funciona como um fórum de internet e permite que pessoas postem ideias de aplicativos para que os outros usuários possam opinar. Os comentários podem variar muito, indo desde um simples "a ideia é boa" ao "o que pode ser melhorado?". Há também quem dê dicas de design, questione alguma funcionalidade etc. (N.E.)

viral com o propósito de coletar secretamente dados dos usuários, mas não sabíamos o que construiríamos.

A competição me assustava – parecia que todo mundo estava passando em alta velocidade enquanto estávamos parados. E essa grande concorrência me trouxe algumas perguntas assustadoras, como "por que eu estava fazendo isso, em primeiro lugar"? Por que eu estava construindo tecnologia que outras pessoas já haviam desenvolvido? Perguntas nas quais prefiro não pensar, quando já passei um ano inteiro nisso. Em minhas listas de tarefas, espremidas entre bugs pendentes para corrigir e recursos que precisava construir, havia pedidos desesperados de ajuda, como descobrir a direção da empresa e decidir sobre planos pessoais se isso não funcionasse. Não estávamos exatamente nos afogando, mas não seríamos capazes de permanecer na água por muito mais tempo.

Uma biografia de Elon Musk estava para ser publicada; fiz uma encomenda na pré-venda da Amazon. Mesmo que o livro não contivesse conselhos específicos para minha situação, pelo menos poderia me dar motivação, e eu precisava de um pouco disso.

5. ACELERANDO

Trabalhe pra caralho. Quero dizer, você só precisa dedicar de 80 a 100 horas semanais de trabalho, todas as semanas. [...] Se outras pessoas estão fazendo semanas de trabalho de 40 horas e você trabalha com semanas de 100 horas, mesmo que esteja fazendo a mesma coisa, você sabe que alcançará em quatro meses o que elas levam um ano para alcançar.

Elon Musk, cofundador do PayPal e agora CEO da SpaceX, da Tesla e do X, quando solicitado a dar conselhos para empreendedores em uma entrevista em dezembro de 2010.[34]

O primeiro aniversário da incorporação de nossa startup se aproximava e depois passou. Ainda estávamos vagando sem rumo, o cronograma de lucratividade retrocedendo cada vez mais.

Quando começamos, pensávamos que teríamos um fluxo de caixa positivo em quatro meses. Mas, um ano depois, mal tínhamos um produto vendável e nossa receita até o momento foi de um total de 125 dólares. E, no entanto, estávamos consumidos pela grande certeza de que o mítico encontro entre produto e mercado estava ali na esquina; se continuássemos trabalhando, em algum momento tudo faria sentido.

---

[34] De uma entrevista dada ao *Vator News*. Roizen, Bambi Francisco. "Elon Musk: Work Twice as Hard as Others". *Vator News*, 23 dez. 2010. Disponível em: https://vator.tv/news/2010-12-23-elon-musk-work-twice-as-hard-as-others.

Por isso, pareceu um raio oportuno quando ouvimos falar de uma aceleradora que estava procurando uma startup. O próximo lote de startups apoiadas deveria começar em algumas semanas e uma empresa teve que desistir no último minuto – queríamos substituí-los? Claro que sim, e entramos nessa. Esse acelerador não era tão prestigiado quanto a Y Combinator, e eles estavam sediados na cidade de Nova York, e não na Bay Area, mas seu portfólio parecia decente e eles fizeram perguntas ponderadas por telefone. Talvez essa fosse a nossa salvação – estrutura, legitimidade, conselhos. Pessoas com dinheiro, experiência e sabedoria ao nosso lado, literalmente comprometidas com nosso sucesso.

Todo o resto estava começando a se alinhar também. À beira do encontro com a aceleradora, nosso fornecedor de hospedagem em nuvem estendeu nossa hospedagem gratuita por mais um ano e até lançou uma atualização gratuita da máquina. Vários clientes potenciais estavam cada vez mais próximos de contratos de longo prazo. E, como equipe, estávamos mais próximos do que nunca, a atmosfera tóxica do inverno passado derreteu como neve sob o sol escaldante.

Nosso principal obstáculo era legal. Eu era uma defensora da legalidade e meu medo de dar um passo em falso na imigração beirava a paranoia. Uma rápida pesquisa no Google trouxe à tona a história de um fundador canadense cuja aceitação na Y Combinator foi restringida quando lhe foi negado o visto nos Estados Unidos. Isso desencadeou uma investigação profunda sobre se frequentar uma aceleradora de startups contava como "trabalhar ilegalmente" no país, mas tudo o que concluí foi que se tratava de uma área extremamente cinzenta e muito aberta a interpretações; a lei de imigração não estava exatamente atualizada com as tendências do mundo das startups. Ansiosa com a possibilidade de ter o visto negado, imprimi meticulosamente documentos oficiais que comprovavam que tinha permissão para estar no país para me encontrar com uma incubadora de empresas, pronta para uma enxurrada de perguntas. Nick, confiante de que tudo ficaria bem, riu do meu excesso de preparação.

No final, nós dois estávamos errados. No aeroporto, fui interrogada superficialmente por dez segundos por um agente de fronteira antes de ser dispensada com meu grosso maço de impressos ainda cuidadosamente dobrado em minha bagagem de mão. Nick, que optou por uma rota terrestre, foi retirado do trem Amtrak por desconfiados agentes de fronteira; eles o interrogaram durante horas em uma sala abafada enquanto investigavam seu telefone. Quando o deixaram sair, o trem já havia partido há muito tempo e ele teve que pegar carona no posto fronteiriço. Pelo menos todos nós passamos.

A próxima tarefa imediata era encontrar um lugar para morar. O escritório da aceleradora ficava no centro de Manhattan, e queríamos morar perto, mas Manhattan não é exatamente uma região barata nem era fácil para pessoas de fora encontrar, em um prazo curto, alojamento para alguns meses de duração. Reservamos um apartamento em Murray Hill via Airbnb, sem vê-lo antes, e quando chegamos descobrimos que esse chamado apartamento de dois quartos era originalmente um apartamento de um quarto, com o quarto extra criado pelo isolamento de uma parte da sala de estar. Consequentemente, o restante da sala estava desprovido de luz natural e continha um sofá desgastado de meados do século, uma mesa de centro frágil e uma cadeira de madeira envelhecida. A cozinha tinha aproximadamente um metro quadrado de balcão e a pequena geladeira estava enfiada no armário de casacos. Pagamos 5.246 dólares por mês.

Fiquei estranhamente feliz com nossa acomodação sem brilho. Talvez tenha sido uma bênção disfarçada – quanto menos gostássemos de estar em casa, mais natural se tornaria passar o tempo no trabalho, que era o que eu pensava que deveríamos priorizar. Afinal, não estávamos aqui para nos *divertir*; estávamos aqui para trabalhar, a fim de fazer algo de nós mesmos. O prazer era para pessoas que queriam falhar.

O resto de junho passou como um sonho febril. Acordávamos com as buzinas dos motoristas frustrados da 1ª Avenida e nos revezávamos escovando os dentes sob a aparência estranha de alguma coisa supostamente orgânica na claraboia do banheiro antes de sairmos juntos para fazer a caminhada de trinta minutos até o escritório. Os imponentes arranha-céus que ladeavam nosso trajeto diário pareciam importantes. As apostas eram maiores agora que estávamos em um escritório conversando com outros fundadores, com visitantes ilustres aparecendo periodicamente para dar conselhos. Tudo isso certamente nos deixou menos inclinados a jogar RuneScape.

Por melhor que fosse estar perto de outros fundadores, eu também ficava ansiosa. A idade média nesse grupo era algo em torno de 30 anos, e a maioria dos outros tinha experiência profissional, conexões, diplomas em administração. Nós, no entanto, éramos os mais jovens da turma, sem receitas recorrentes nem evidências de adequação do produto ao mercado, e morávamos em um apartamento de 75 m² que suspeitávamos estar com uma infestação de mofo. Tudo o que realmente tínhamos era uma convicção ardente de que seríamos bem-sucedidos, além da disposição de fazer coisas incrivelmente estúpidas para provar isso.

Nós ainda estávamos dando tiros para todos os lados em relação ao nosso produto e modelo de negócios, guiados por qualquer tendência de marketing que tivesse chamado a atenção de Nick. No final de junho, ele estava convencido de que havia encontrado nosso primeiro grande cliente: uma empresa criadora de conteúdo com sede em Los Angeles. Olhei incerta para o site deles, com o coração apertado a cada foto de banco de imagens e palavras-chave de marketing sem sentido, percebendo que não tinha interesse em trabalhar para essa empresa ou, na verdade, para qualquer uma das empresas com as quais conversamos até agora. Mas não era como se eu tivesse ideias melhores.

Certa manhã, Nick nos disse que poderíamos conseguir um contrato com essa empresa criadora de conteúdo se concordássemos em construir um produto minimamente viável em duas semanas. Ele ficou tão entusiasmado com a perspectiva que me senti mal por ter de lhe dizer que não podíamos, porque estávamos no meio de uma reforma de infraestrutura: nosso sistema não foi feito para lidar com nossos níveis atuais de uso, e a cada dia estávamos perigosamente mais perto de sobrecarregá-lo. Liam e eu estávamos gastando toda a nossa energia montando um sistema paralelo usando um banco de dados distribuído. Não parecia um progresso, mas, de qualquer maneira, vivíamos com tempo emprestado.

Julho chegou quente e úmido. O ar-condicionado do escritório funcionava a todo vapor: os sócios da aceleradora, todos homens, gostavam de usar as mesmas camisas engomadas e jeans que vestiam o ano todo; as mulheres, mais propensas a adotar roupas de verão e outros trajes adequados ao clima, logo aprenderam a trazer cardigãs. Todos nós nos acostumamos com as indignidades de trabalhar em um espaço compartilhado, cercado por outros fundadores, atendendo ligações e de vez em quando jogando pingue-pongue.

A aceleradora frequentemente organizava eventos para a comunidade de startups de Nova York. A presença não era obrigatória, mas a maioria de nós ia mesmo assim. Certa noite, houve uma palestra de ex-alunos da aceleradora compartilhando suas histórias de sucesso; uma participante, uma mulher com óculos de armação grossa cuja startup soava parecida com a nossa, falou com confiança sobre aprendizado de máquina e tomada de decisões baseadas em dados. Poderia ser eu no próximo ano, pensei, naquele palco, recém-saída de uma nova rodada de financiamento, segura de que estávamos a caminho da terra prometida.

Nesse meio-tempo, ainda não tínhamos decidido sobre um produto. Cada um tinha seu próprio projeto favorito, e era como estar em um barco onde todos remavam em uma direção diferente; as tensões estavam, consequentemente, altas. Liam achava que deveríamos focar exclusivamente em nossa API; Tim queria trabalhar com agências de publicidade; Nick tinha certeza de que nos tornaríamos uma empresa bilionária se simplesmente construíssemos a peça que faltava no ecossistema da tecnologia publicitária. Enquanto isso, eu estava absorta examinando o banco de dados e realmente não me importava com o que vendíamos, para a clara exasperação de Nick. Eu sabia que precisávamos encontrar um produto que se adequasse ao mercado, disse a ele, mas, a menos que eu consertasse o banco de dados o mais rápido possível, todo o trabalho que havíamos feito até agora viraria fumaça. Nick estava frustrado comigo por ignorar o lado comercial e eu frustrada com as limitações técnicas, as perspectivas de negócios pouco inspiradoras e comigo mesma por estar em uma situação da qual não gostava, mas sem conseguir ver uma saída.

Então Nick encontrou uma pista em uma direção mais promissora, fruto de uma estratégia quase supersticiosa de e-mails frios que incluía o envio de mensagens tarde da noite para garantir que estivessem no topo da caixa de entrada pela manhã. Ao contrário das empresas de marketing com as quais trabalhávamos recentemente, essa parecia mais uma empresa de tecnologia tradicional. Eles eram bem conhecidos em nosso espaço e fiquei lisonjeada por se dignarem a falar conosco. Eles nos perguntaram quanto cobraríamos para incluir nossos dados em sua oferta, o que deveria ser uma pergunta simples, mas nos levou a um debate frenético. Nos reunimos em uma sala de conferências e jogamos números em um quadro branco: 5 mil dólares? 15 mil dólares? 20 mil dólares? Depois de alguns minutos, estávamos convencidos de que nossa proposta de valor era boa o suficiente para sustentar pelo menos 20 mil dólares por mês.

Um parceiro do programa de aceleração apareceu para nos dar conselhos que aumentaram ainda mais nossos egos. Se quiséssemos agregar mais de 20 mil dólares em valor, disse ele, por que nos contentaríamos em vender nossos dados por apenas 20 mil dólares? Começamos a pensar em modelos de negócios alternativos, como uma divisão de receitas, que daria mais trabalho no curto prazo, mas poderia nos tornar um bom alvo para uma eventual aquisição. A empresa pareceu confusa quando Nick voltou com nossa proposta: eles não estavam acostumados com fornecedores em potencial pressionando por uma parceria 50/50, especialmente quando esse fornecedor era uma startup com pouco financiamento e sem funcionários. Mas Nick foi implacável de uma forma que pareceu impressioná-los, e eles concordaram.

Essa parceria demoraria a se concretizar, mas nesse ínterim poderíamos colocar o logotipo deles em nossa apresentação. Como a maioria das aceleradoras, esse programa de três meses terminou com um Demo Day, no qual cada startup do lote faria um *pitch* de cinco minutos para potenciais clientes e investidores na audiência. Nick, como CEO, faria o nosso, mas não poderíamos realmente preparar uma proposta sem um modelo de negócios sólido, o que significava que nossa proposta ainda era incoerente. Isso era aceitável em junho, mas em julho os outros fundadores refinaram suas mensagens e nossa apresentação pouco glamurosa se destacou de forma desagradável durante as sessões semanais de ensaios de *pitches*.

O maior problema era que nosso discurso era chato. Os sócios pareciam entediados, os outros fundadores pareciam entediados, eu estava entediada e era eu quem deveria estar construindo essa visão. Nick divagou sobre como consertar o marketing enquanto passava uma apresentação no Keynote com gráficos de desenho animado e números desconcertantes. Ele não nos mostrou a apresentação antes e ficamos horrorizados com o quão mal ele estava nos representando. A incriminatória reunião de equipe que se seguiu se transformou em um jogo de culpa em que todos os nossos crescentes problemas se espalharam: dissemos a Nick que ele precisava parar de desenvolver planos em segredo; ele nos disse que praticamente o forçamos a isso por não sermos receptivos a novas ideias.

Parecia que continuávamos tendo essas conversas. A mudança constante de produtos, a situação de vida atroz – estava começando a nos desgastar. Mas não havia para onde recuar, porque estávamos todos comprometidos com isso; inferno, todos nós morávamos juntos. Terminamos a reunião com uma distensão desconfortável, na qual cada um de nós concordou em chegar a um meio-termo.

Funcionou: o *pitch* da semana seguinte foi muito mais forte, com uma mensagem coerente sobre nossa experiência na mineração de dados sociais para obter um marketing mais personalizado. Pelo menos, era isso que dizia a apresentação; não estava claro para mim o quanto ela deveria refletir a realidade, em vez de simplesmente uma versão brilhante de nós mesmos que vendemos para pessoas de fora. Em segredo, pensei que tudo era uma besteira e fiquei preocupada com o fato de Nick ter gastado tanto tempo trabalhando no deck a ponto de começar a acreditar nisso. Todos nós sabíamos que essa coisa de "marketing mais inteligente" significava exatamente nada, certo? Isso foi o que dissemos para fazer as pessoas investirem, certo? A verdade é que eu não sabia o que éramos além das afirmações exageradas e dos números inflados de nossa apresentação pouco inspirada.

Eu provavelmente estava pensando demais; nenhum de nossos concorrentes parecia ter problemas com a mundanidade de nosso espaço. O boato na rua era que um concorrente estava decolando como um foguete e que eles estavam de olho na equipe de vendas de outro concorrente. Não tínhamos equipe de vendas, mas talvez eles também nos comprassem. De alguma forma, Nick conseguiu um convite para uma festa que eles estavam organizando na cidade e depois, bêbado, nos presenteou com garantias de que todo mundo que era importante no setor sabia sobre nós. "Temos uma rede de segurança agora", ele nos disse com entusiasmo. "Mesmo que estraguemos tudo, um desses caras ainda vai nos adquirir."

Por quanto venderíamos? Trocamos números semissérios: um milhão? Vinte milhões? Cinquenta milhões? Tim achava que ainda não fazia sentido vender – ele achava que não tínhamos informações suficientes para saber quanto valíamos. Nick proclamou que se recebêssemos uma oferta de aquisição de 50 milhões, ele tatuaria pessoalmente uma frase à nossa escolha em seu antebraço. Liam então apresentou uma contraproposta improvisada, na qual Nick disse que teria que pensar.

Era improvável, claro, mas todas as aquisições de sucesso já o foram em *algum momento*. Nos últimos meses, participamos de muitas palestras com fundadores que tiveram sorte em aquisições extremamente bem-sucedidas. Provavelmente não aconteceria conosco, claro, mas *poderia*.

E eu nunca teria dito isso em voz alta, porque sabia o quão arrogante soaria, mas pairava em minha mente a conclusão de que eu estava certa o tempo todo. Sobre essa startup, sobre a indústria, sobre as incontáveis horas que passei sozinha na frente do computador, criando sites bobos e lendo ensaios de Paul Graham. Pessoas como eu estavam acumulando dinheiro, poder e status social – essencialmente sendo recompensadas *por serem nerds*. Eu finalmente encontrei o caminho certo.

Em agosto, entramos em um ritmo de horas extras que deve ter parecido absurdo até mesmo para outros fundadores. O escritório geralmente ficava vazio nos fins de semana, e lá fora os dias dourados de verão se estendiam pela eternidade, mas ficávamos lá dentro, debruçados sobre nossas mesas, sacrificando nossa juventude no altar do sucesso das startups. Meus dias começaram a se misturar em um turbilhão nebuloso de sessões frenéticas de codificação e eventos de networking para startups, com as ruas iluminadas por neon da cidade de Nova York servindo apenas como pano de fundo sem importância para nossa busca exaustiva.

Fiquei totalmente fascinada com pensamentos sobre nosso sistema de inferência, meus ciclos extras de CPU dedicados a corrigir erros e arquitetar novos recursos. Quando eu olhava para as pessoas, via os atributos demográficos e psicográficos que poderíamos inferir sobre elas. O mundo real era grande e confuso, mas meu pequeno mundo de máquinas de vetores de suporte e mensagens de *commit*[35] bem formatadas era limpo e organizado.

---

[35] O Commit Messages Convention (CMC) foi desenvolvido para oferecer suporte a projetos GIT ou SVN para que haja maior organização dos *commits* no repositório. São uma das formas mais comuns pelas quais os desenvolvedores se comunicam e define que a inserção de comentários deve ser precedida pelos tipos de ações que foram executadas nos arquivos versionados. (N.E.)

Um dia, decidimos expandir para outras redes sociais além do Twitter. (Tínhamos garantido a nossos parceiros que a adoção de várias plataformas reduziria o risco de cada plataforma, embora, na melhor das hipóteses, fosse como comprar uma casa em uma zona de terremoto e depois outra em uma região de tornados.) O problema era que a maioria das outras redes tinha políticas de dados rigorosas, tornando difícil obtê-los. O Instagram parecia ser a melhor aposta, mas lendo seus termos de serviço descobri que, embora eles pudessem tecnicamente nos permitir armazenar dados do usuário, eles proibiam o uso desses dados para publicidade direcionada. A consulta dos termos de serviço do Twitter revelou quase exatamente a mesma cláusula, que de alguma forma havíamos deixado passar. Ambas as plataformas nos proibiram expressamente de vender o que vínhamos vendendo nos últimos meses.

Compartilhei a triste notícia com a equipe e, nos dias seguintes, mergulhamos em um poço de desespero. Procuramos brechas: a publicidade *programática* pode ser proibida, mas será que não podíamos nos safar com outras formas de marketing, como o e-mail? No entanto, a política era suficientemente ampla para que qualquer forma de marketing baseada nesses dados pudesse ser considerada contra os seus termos de serviço, e se conseguirmos escapar impunes dependeria de as plataformas se sentirem inclinadas a aplicar suas regras. Além disso, ouvimos rumores de que o Facebook – que comprou o Instagram – poderia reprimir a API a qualquer momento; ouvimos falar de empresas construídas com base na API do Facebook que tiveram seu acesso desativado como resultado de um suposto uso indevido de dados, matando todo o seu modelo de negócios. (Acredite ou não, isso foi antes da Cambridge Analytica[36]

---

[36] Cambridge Analytica, um braço da SCL Group, era uma empresa destinada à "comunicação estratégica", voltada a campanhas eleitorais

– o setor estava repleto de empresas dessa natureza e poucas piscaram. Se soubéssemos da estratégia da Cambridge Analytica na época, em vez de ficarmos horrorizados, provavelmente teríamos inveja por não termos inventado isso primeiro.)

Toda a situação me deixou desconfortável e sugeri que encontrássemos um novo modelo de negócios. Nick estava menos incomodado – ele não queria mudar as coisas quando finalmente encontramos alguns indícios de adequação do produto ao mercado. As plataformas só agiriam contra nós se descobrissem, disse Nick, e por que descobririam? E se eles descobrissem, buscaríamos uma aquisição fácil. Peça perdão, não permissão. Nick poderia ser altamente persuasivo; decidimos voltar a construir nosso produto como se essa ameaça existencial não existisse.

A essa altura, ele havia encontrado um novo nicho para nós. Nosso novo arqui-inimigo era uma empresa de tecnologia outrora popular, cujo produto de consumo brevemente viral acabou sendo uma novidade, com o uso diminuindo logo após o pico inicial. Mas a empresa levantou dinheiro suficiente com base em seu pico de popularidade e não poderia facilmente mudar para outra coisa; em vez disso, eles se venderam para uma empresa de tecnologia de marketing por uma boa quantia. Sob nova propriedade, essa empresa monetizou sua influência

---

e políticas, cuja grande inovação foi o uso de pesquisas antropológicas e psicológicas em sua abordagem. Ela teve como clientes não apenas partidos políticos de direita como, ainda, a Família Real Britânica e o complexo militar-industrial estadunidense. Em 2018, a empresa esteve envolvida em um escândalo ao usar seus métodos sobre dados pessoais, ilegalmente extraídos de perfis de usuários do Facebook, bem como de outras empresas da Meta, para montar grandes perfis de massa que serviram às campanhas de candidatos de extrema direita – o que resultou em uma multa bilionária ao Facebook e no encerramento das atividades da SCL. (N.E.)

anterior com a venda de dados de usuários para fins de marketing. Parecia um resultado duvidoso para mim - certamente não era o tipo de empresa que eu queria que nos tornássemos – mas o modelo de negócios deles era quase palavra por palavra o que Nick havia escrito na nossa apresentação. Cada vez que eu olhava para a tela de Nick, ele estava absorto nos materiais de marketing ou em entrevistas com o CEO deles.

Se quiséssemos competir com essa empresa, precisaríamos de ajuda. Nick estava tentando conseguir consultores que abrissem portas e nos ajudassem a vender em troca de um pequeno número de ações de nossa empresa. Era uma estratégia bastante comum para startups, mas estávamos mudando com tanta frequência que não funcionava muito para nós – se Nick encontrasse alguém na segunda-feira, na sexta-feira geralmente nos afastaríamos desse setor por não fazer mais sentido para a gente, e toda a papelada que pedimos aos advogados para redigirem não seria preenchida. Liam brincou que nossa planilha de capitalização acabaria como *Game of Thrones*: muitos personagens, a maioria deles mortos.

Pelo menos nosso discurso estava melhorando, mesmo que nossas projeções otimistas sobre o mercado multibilionário que conquistaríamos estivessem bastante distantes da realidade. Às vezes, a aceleradora chamava convidados externos para participar das sessões de *pitch* e dar feedback, e a maior parte dos comentários que recebíamos destacava que nosso espaço estava lotado e que precisávamos nos diferenciar. Sim, obrigado, nós sabemos; já lemos cada palavra escrita na imprensa sobre nossos concorrentes mais bem financiados.

Eu estava ansiosa para receber feedback real, do tipo que eu não queria ouvir, mas precisava: que nossa ideia não tinha sentido, que todo esse sonho de startup era uma loucura, que eu não precisava jogar fora meus vinte anos em busca dessa aventura impensada. Mas é claro que uma aceleradora de startups não convidaria ninguém que pudesse prejudicar sua razão de ser, e então lá estava eu, presa em uma startup com a qual não me importava. Às vezes eu pensava que não precisava me preocupar com isso – às vezes eu pensava que outros fundadores também não se importavam com suas startups. Não era algo sobre o qual eu pudesse conversar com alguém; todos estavam sempre exibindo um ar alegre e era difícil saber se a alegria era genuína ou não.

Estranhamente, embora as aceleradoras fossem ambientes de apoio, senti que tínhamos que competir com os outros fundadores. Eu conhecia as estatísticas: para cada dez startups, todas, exceto uma, fracassariam,[37] e eu estava convicta de que, das dez startups de nosso lote, a discrepância estatística seria a nossa. Eu não tinha certeza de como chegaríamos lá, mas tinha certeza de que poderíamos aplicar força bruta trabalhando o máximo possível, o que comecei a ver como uma medalha de honra. Os fundadores que nunca vinham nos fins de semana claramente não eram dedicados; eles falhariam dentro de um ano.

Sem nunca discutir explicitamente o assunto, começamos a aumentar nossa presença no escritório. Tim nem sempre estava presente nos fins de semana e, em um domingo, mandei uma mensagem para ele perguntando onde ele estava. Ele pareceu irritado com minhas tentativas nada sutis de policiar sua presença, respondendo que preferia tirar folga aos domingos e trabalhar apenas meio período aos sábados. Minha reação alar-

---

[37] Um truísmo comum (embora vago) no mundo das startups é que 90% delas falham. A verdade é um pouco mais complicada – os números reais dependem de como você define “fracasso” e “sucesso”, do período de tempo que você está considerando e do que conta como uma startup. Para uma análise dos dados, ver: Griffith, Erin. “Conventional Wisdom Says 90% of Startups Fail. Data Says Otherwise”. *Fortune*, 27 jun. 2017. Disponível em: https://fortune.com/2017/06/27/startup-advice-data-failure/.

mada foi organizar uma reunião de emergência sob o lema da dinâmica de equipe, onde dei a Tim muitas oportunidades para se desculpar por não ter trabalhado tanto quanto todos nós. Ele não mordeu a isca. Liam, Nick e eu nos reunimos depois, preocupados com a crescente disparidade entre nossos horários de trabalho, sem saber o que fazer a respeito.

Em vez de confrontarmos a divisão mais profunda que se abriu entre nós, entramos em guerras por procuração e logo se criou uma tensão silenciosa sustentando até as interações mais mundanas. Tim achou que deveríamos procurar um lugar melhor em um bairro melhor, mesmo que isso significasse um deslocamento mais longo, mas eu estava um pouco orgulhosa da má qualidade de nosso lugar atual e argumentei que um deslocamento mais curto era mais importante, visto que *alguns* de nós trabalhavam sete dias por semana. Outros colegas fundadores ainda eram mais pães-duros do que nós, vivendo com malas e hospedando-se em hotéis baratos todas as noites; nós quatro morando em um apartamento de dois quartos era positivamente luxuoso em comparação, mesmo que Nick fosse condenado a dormir em um sofá fétido que lhe causava erupções na pele.

Em minha opinião, não tínhamos nada além de nossa juventude. A missão de nossa startup era uma batalha, e a juventude era nossa arma mais letal – caramba, Mark Zuckerberg disse uma vez que os jovens eram mais inteligentes, e veja até onde ele chegou. Seria tolice *não* esgotar nosso poder de fogo intelectual a serviço da destruição de nossos inimigos. Nossa juventude foi o que nos deu a capacidade de iterar mais rápido, trabalhar mais e inovar mais do que nossos concorrentes; nossa juventude foi o que nos tornou melhores do que eles. Melhor do que os outros fundadores de nossa aceleradora também. (Quando você está nas trincheiras, todos do lado de fora parecem inimigos.)

Não era como se alguém tivesse nos *mandado* trabalhar tanto. Claro, a comunidade de startups normalizou semanas de trabalho de oitenta horas, mas houve muita gente defendendo um equilíbrio saudável entre vida pessoal e profissional. Porém, passei a acreditar fortemente no poder transformador do trabalho árduo, não apenas como um obstáculo a superar, mas como uma parte fundamental do processo. Essa foi minha principal lição ao ler a biografia de Elon Musk – contanto que você trabalhasse duro, você descobriria como dar certo. Afinal, a primeira startup de Musk tinha um modelo de negócios que parecia um tanto chato, mas foi adquirida de uma maneira que o tornou um multimilionário instantâneo, e agora ele estava salvando o planeta sozinho com a Tesla e a SpaceX. Poderíamos chegar lá também, se Tim começasse a vir aos domingos.

Mesmo quando nossa equipe começou a se desfazer lentamente, eu ainda estava absorta nos problemas técnicos. Certa tarde, tive a ideia de vincular perfis do Twitter e do Instagram e tornar isso parte de nossa oferta de dados. Era um pouco duvidoso do ponto de vista ético, pois não eram dados que alguém tivesse exatamente *consentido* em nos fornecer, mas ainda assim eles já estavam disponíveis, ansiosos para serem usados. (Naqueles dias pré-Cambridge Analytica, a privacidade do usuário não era realmente uma grande preocupação em nosso setor.) Depois de uma semana de prototipagem frenética, tirei a sorte grande: poderíamos relacionar pessoas olhando para seus amigos. Assim que coloquei tudo em funcionamento, o número de conexões que conseguíamos identificar explodiu e todos os gráficos começaram a subir e ir para a direita.

Enquanto eu construía esse novo recurso, os outros realizavam vendas de nossos produtos existentes. Nossa estratégia mudou para a geração de relatórios sobre grandes marcas de consumo. Sabíamos que perderíamos a maior parte desses contratos para as equipes de vendas de nossos concorrentes que tinham mais financiamento; ainda assim, eu frequentemente ficava no escritório depois da meia-noite, fazendo trabalho especulativo gratuito para corporações multinacionais, na esperança de que uma delas se arriscasse conosco. Uma empresa, pioneira na tendência crescente de caixas de assinatura, queria uma análise dos diferentes grupos de seu público nas redes sociais. Esse processo exigia muita intervenção manual, mas eu tinha certeza de que, se continuássemos ajustando-o, eventualmente chegaríamos a um ponto em que seria necessária uma supervisão humana mínima. Pelo menos essa era a teoria; verdade seja dita, eu estava ficando farta de todos esses relatórios de marcas.

Logo piorou. Um cliente nos disse que queria nossos dados para um contrato de trabalho indireto com o Partido Republicano dos Estados Unidos. Uma breve discussão em equipe concluiu que, mesmo que alguns de nós nos opuséssemos pessoalmente ao partido, deveríamos tentar obter esse contrato de qualquer maneira – precisávamos do dinheiro. Confirmei manualmente todos os dados que inferimos dos usuários que eles enviaram, apenas para o caso de isso aumentar as chances de conseguir o contrato. Não gostei muito da ideia de trabalhar com o Partido Republicano, mas se eles estivessem dispostos a pagar, o que mais poderíamos fazer? Na guerra, era preciso fazer alianças. De qualquer forma, essa era apenas uma peça de nosso sistema poderoso, complexo e inovador; havia muitos outros casos de uso que ainda não havíamos encontrado. Enquanto isso, faríamos trabalho gratuito até mesmo para esse partido se isso significasse mais logotipos de clientes para nossa apresentação. Afinal, não era nosso trabalho policiar os clientes – isso seria demorado e causaria divisão interna, para não mencionar que seria financeiramente ruinoso.

Seria mais fácil se eu não pensasse tanto nisso. Não se preocupe com o objetivo final – apenas valide os usuários, ajuste os parâmetros e otimize o tempo de execução. Se eu cerrasse os dentes e percebesse isso, eventualmente eu sairia do outro lado, onde tudo valeria a pena.

Um cliente em potencial, cujo produto era uma plataforma para venda de camisetas engraçadinhas, queria que segmentássemos seus seguidores. Todo o processo foi pouco científico; depois de muitas tentativas e erros, identificamos uma minoria significativa interessada no que eufemisticamente chamamos de "cultura *country*", algo que a empresa ficou realmente surpresa ao saber. Ficamos exultantes: finalmente, uma visão útil! Colocamos esse estudo de caso em nossa apresentação e contamos a história literalmente para qualquer pessoa que perguntasse. Continuou sendo a única história de sucesso real de nosso recurso de geração de relatórios.

Um dia, Liam declarou que estava cansado de fazer testes para marcas. Ele achava que precisávamos de um modelo de negócios melhor, como uma API de autoatendimento voltada para outras startups. Concordei e tentei não pensar na possibilidade de outras startups usarem nossa API para executar testes para as próprias marcas.

Eu também estava doente – fisicamente. Em uma manhã fria de setembro, acordei às 6h com a sensação de que minha cabeça havia passado por um picador de madeira, incapaz de dormir com o barulho da buzina dos caminhões misturando-se à fúria estridente dos carros na rodovia. Não havia lugar melhor para ir, então arrastei meu corpo exausto até o escritório, onde encontrei Nick cochilando em um pufe.

Depois de três meses nesse ritmo extenuante de trabalho, estávamos com pouco fôlego. Tim ainda não vinha aos domingos e não sabíamos como expor nossas frustrações a ele, talvez por um medo subconsciente de que éramos os bandidos ali. As reuniões de equipe estavam ficando menos produtivas – éramos menos pacientes, menos dispostos a ter discussões difíceis, mas importantes. Eu gastava alguns minutos e excluía os comentários pessoais mais controversos que acidentalmente apareciam antes de enviá-los.

Nossa reunião de parceiros em setembro correu surpreendentemente bem, dado o estado da dinâmica de nossa equipe. Os parceiros queriam que parássemos de nos preocupar com as especificidades do que construiríamos e, em vez disso, nos concentrássemos em nossa missão; eles acreditavam que descobriríamos os detalhes ao longo do caminho. Isso teria sido reconfortante, exceto que já pensávamos nisso há mais de um ano e parecia que o tempo estava acabando antes que nossa equipe fundadora se desfizesse. Coincidentemente, logo após a reunião, Nick telefonou para o ex-CTO de uma empresa que fazia quase exatamente o que fazíamos e que faliu precisamente porque sua equipe fundadora se desfez. Sinistro.

No final de setembro, a situação com Tim começava a se tornar um problema real. Liam, Nick e eu decidimos que ele não estava se esforçando o suficiente e que – talvez até pior – não se importava o suficiente com a cultura de startups. Em suma, ele não se enquadrava em nossa definição do que deveria ser um fundador. Má adaptação cultural, má dinâmica de equipe, tudo ruim.

Certo sábado, Tim ainda estava acordado quando voltamos do escritório, e eu decidi convocar uma reunião de equipe na sala de estar mal iluminada. Enquanto ele se sentava relutantemente na cadeira solitária, detalhei nossa queixa central: pensávamos que ele não estava trabalhando duro o suficiente.

Do lado de fora, ouviam-se os sons do tráfego intenso, às vezes de um caminhão dando ré no estacionamento do outro lado da rua. Tim olhou para mim de forma inescrutável por alguns segundos antes de responder que não entendia por que sentíamos a necessidade de trabalhar tanto. Ele acrescentou que já trabalhava setenta horas por semana – quase o equivalente a dois empregos de tempo integral.

Encarei ele sem expressão, sem saber como responder. O conceito de trabalho em tempo integral não estava em meu vocabulário, porque para mim não éramos realmente trabalhadores – éramos pioneiros, em uma órbita totalmente diferente de algo tão cotidiano como um trabalho. Troquei um olhar perplexo com Nick e Liam sentados no sofá envolto em plástico, que se revezaram explicando: a história do Vale do Silício praticamente tinha um altar para a semana de oitenta horas, e achávamos que nossos horários eram eminentemente razoáveis para o estágio em que nos encontrávamos.

Tim respondeu que a maioria dos fundadores de nosso programa não trabalhava tanto quanto nós. Isso era verdade, mas enquanto ele via os outros fundadores como uma base de comparação, nós os víamos como meras desculpas para alcançarmos os melhores resultados pessoais. Achávamos que éramos melhores como fundadores e sentíamos que nossas exigências para que Tim ascendesse a nosso nível eram eminentemente razoáveis. Tentei outra abordagem: sim, pode dar muito trabalho, mas você não gostaria de olhar para trás e se orgulhar do quanto trabalhou duro? (Mesmo agora, longe daquela vida, é profundamente desconfortável lembrar o quanto acreditei em minhas próprias besteiras.)

Outro caminhão deu ré, parando o trânsito na rua por meio minuto; seguiu-se uma sinfonia previsível de buzinas. Tim piscou. Ele disse que não achava que isso fosse sustentável, nós trabalhando tanto. Ele pensou que estávamos nos esforçando demais sem motivo real.

Como explicar. Trabalhar demais, trabalhar pelo trabalho, construir toda uma identidade em torno do trabalho: isso não era uma anomalia temporária, mas sim toda a minha visão de mundo. Trabalhar arduamente era um fim em si mesmo, e mesmo aqueles que optaram por não o fazer tiveram de perceber que estavam errados, que sua incapacidade de trabalhar arduamente era uma falha pessoal. A capacidade de alcançar coisas através do trabalho árduo foi fundamental para minha autoimagem, e essa crença estava tão profundamente entranhada em minha psique que eu não conseguia nem identificá-la, muito menos abandoná-la.

Olhei para Tim e depois desviei o olhar. (O que você diz a alguém quando está convencido de que seus axiomas fundamentais estão errados e os seus estão certos?) Reafirmei minha perspectiva: ficamos felizes em investir todos os nossos esforços nisso, na eventualidade de que desse certo; supliquei a Tim que fizesse o mesmo. Ele encolheu os ombros evasivamente e, à medida que a conversa terminava, fomos para nossos quartos. Fui para a cama convencida de que ele acabaria por mudar de ideia e ver as coisas de nosso ponto de vista.

Eu tinha 23 anos nessa época, com um poço sem fundo de energia e motivação, e o conceito de envelhecimento era uma possibilidade obscura no horizonte distante que raramente passava por minha visão periférica. Eu não conseguia conceber um mundo onde eu não tivesse mais o desejo de passar a noite inteira fazendo trabalho pesado para uma empresa em cuja missão eu não acreditava, ansiando pelo sucesso definido por meio de uma bricolagem de palavras de autoridade de homens ricos. Senti profundamente que o trabalho árduo nos salvaria, porque essa forma particular de trabalho continha a possibilidade de transcender o trabalho habitual. Tive um vislumbre do tédio do trabalho regular no Google, e a monotonia cinzenta dele me assustou tanto que recorri a essa startup como uma forma tácita de fuga.

Havia vários motivos pelos quais acreditávamos que não poderíamos nos dar ao luxo de considerar trabalhar menos: nossos concorrentes eram mais bem financiados; a indústria tinha avançado rapidamente; tínhamos grandes ambições. Foi muito mais difícil admitir o verdadeiro motivo, que era que estávamos buscando algo maior, algo talvez inencontrável – que estávamos trabalhando demais não porque estávamos indo bem, mas porque estávamos indo mal. Estávamos nadando na esperança desesperada de que alguém nos jogasse uma boia salva-vidas.

A verdade era que eu tinha medo de trabalhar menos porque isso faria minha vida parecer sem sentido. Eu havia absorvido de todo o coração a crença de que o trabalho deveria ser o centro de minha vida, mas o trabalho que eu estava fazendo estava longe de ser gratificante. Se esse fosse meu verdadeiro trabalho, das 9 às 5 com metas definidas e avaliações de desempenho, eu desistiria em um instante. O trabalho era árduo, os casos de uso eram triviais e os clientes me irritavam. Mas eu tinha ido longe demais para desistir, então, em vez disso, acelerei.

O Demo Day estava chegando e precisávamos afiar nosso discurso de cinco minutos até a perfeição. Dividi minha lista de tarefas em coisas que deveriam ser feitas antes do Demo Day e coisas que poderiam ser feitas depois. Não estávamos em boa forma e pensei que Nick poderia estar secretamente em pânico. Às vezes eu dava uma espiada na tela do laptop dele, apenas para ver um slide em branco.

O Demo Day deveria ser o ápice de nosso programa acelerador de quatro meses, então era um grande lance, e todos nós passamos o verão ajustando nossos argumentos de venda. A apresentação deveria trazer a melhor versão possível de nossa startup – como se fosse um perfil de namoro on-line –, mas me pareceu que, quanto mais refinado, mais nosso deck se afastava da realidade. A equipe fundadora deveria soar como o grupo de pessoas mais inteligente que já existiu nesta Terra, então a página da equipe deveria estar repleta de referências a instituições como MIT, Stanford e NASA. Acima de tudo, o discurso tinha que ser ambicioso. Ninguém queria investir em uma empresa com margens de lucro de 3% que atingiria um mercado total de 10 milhões de dólares – você poderia muito bem estar vendendo sanduíches. Seja grande ou vá para casa.[38] Seu mercado potencial deve valer pelo menos um bilhão, e você deve estar bem posicionado para abocanhar uma grande fatia dele.[39] Era crucial mostrar um gráfico em forma de taco de hóquei de seu crescimento até agora – a receita poderia vir mais tarde – mesmo que os números fossem inflacionados artificialmente. Inferno, você poderia simplesmente inventar os números. Você não estaria mentindo, apenas apresentando os fatos da maneira mais lisonjeira.

Nossas apresentações não eram feitas para descrever a realidade; elas criariam a realidade. Seu objetivo era vender uma visão: a empresa descrita nesses slides *poderia*, com o investimento certo, revolucionar essa indústria e capturar uma fatia desse mercado multibilionário. Era marketing, não fatos, e o objetivo era trazer à tona a realidade que descreviam. E, em um sentido mais amplo, essas plataformas estavam vendendo o sonho de uma startup para pessoas de fora – um sonho para justificar as avaliações exorbitantes. As startups que arrecadaram muito dinheiro deviam merecer esse dinheiro, porque seus fundadores eram brilhantes e os seus objetivos eram ambiciosos. É *claro* que seria uma excelente ideia despejar dinheiro em pessoas in-

---

[38] Para uma boa explicação sobre os problemas desse paradigma, ver: Paley, Eric. “Toxic VC and The Marginal-Dollar Problem”. *Tech Cruch*, 26 out. 2017. Disponível em: https://techcrunch.com/2017/10/26/toxic-vc-and-the-marginal-dollar-problem/.

[39] Para mais insights sobre os motivos por que o capital de risco gravita em torno de mercados bilionários, ver: Kupor, Scott. *Secrets of Sand Hill Road: Venture Capital and How to Get It*. Nova York: Portfolio, 2019.

teligentes em um ambiente de responsabilidade mínima. O que poderia dar errado?

O Demo Day chegou. Acordamos cedo para preparar nosso estande. Nick foi o último a apresentar. Ele fez um trabalho surpreendentemente bom e, por um momento, eu realmente acreditei na empresa – ou pelo menos na visão elevada descrita no discurso de cinco minutos. À medida que os últimos investidores iam saindo, suspiramos de alívio e trocamos as camisetas de nossa empresa. Os sócios alugaram um bar de karaokê; depois de várias horas bebendo, Liam e Nick subiram ao palco para oferecer uma versão terrivelmente embriagada de "Lose Yourself" de Eminem, que piorou quando Liam adormeceu no meio da música. Um dos sócios filmou tudo e no dia seguinte enviou o link para todo o escritório.

Com o fim do Demo Day, era hora de pegar tudo o que havíamos deixado de lado. Prioridade número um: mudar para um apartamento melhor. O mofo da claraboia em nossa casa atual estava começando a bloquear o sol, e até eu admiti que o lugar era intolerável. Encontramos um Airbnb muito mais longe, mas mais silencioso, mais espaçoso e sem bolor perceptível.

O escritório não tinha aquecimento nos fins de semana e, depois de um longo dia de trabalho, o frio do outono permanecia nos ossos. Certo domingo, quando estávamos sozinhos no escritório, roubamos uma torradeira da cozinha comunitária e nos escondemos em uma sala de conferências. Em nossa gruta quentinha, elaboramos um roteiro de seis meses e pensamos em maneiras de construir um fosso em torno de nossos dados: poderíamos trocá-los por dados de comércio eletrônico para construir um conjunto de dados que os concorrentes não conseguiriam reproduzir! Poderíamos integrar com outras redes! Poderíamos criar um aplicativo social viral e monetizá-lo mais tarde!

(Sempre tentando construir um fosso. Sempre tratando os dados como algo a ser negociado, mesmo que nunca tenhamos obtido o consentimento de ninguém para usá-los. Peça perdão, não permissão.)

Em meados de outubro, o Twitter realizou sua conferência anual de desenvolvedores, e Jack Dorsey, que havia retornado recentemente a seu antigo cargo de CEO, tinha alguns anúncios a fazer. A boa notícia era que eles queriam um relacionamento melhor com os desenvolvedores que usavam sua API. A má notícia era que eles estariam lançando um produto que competia diretamente com um dos nossos. Não pela primeira vez, me ocorreu como era bobagem trabalhar em algo que era essencialmente idêntico ao que o Twitter estava construindo internamente.

Mas eu ainda estava trabalhando nisso e ainda estávamos em Nova York, embora tivéssemos originalmente planejado partir logo após o Demo Day. Enquanto estivéssemos aqui, poderíamos muito bem aproveitar ao máximo. Estávamos gastando nossos créditos de servidor da Amazon Web Services (AWS) e surgiu uma oportunidade de obter créditos gratuitos em troca de fazer um pouco de marketing para eles. No loft temporário para desenvolvedores da AWS no SoHo, fiz uma apresentação de cinco minutos explicando nossa pilha de tecnologia enquanto elogiava profusamente a Amazon por seu apoio; depois, recebemos outros 10 mil dólares em créditos de servidor, bem como uma sacola contendo um moletom masculino da AWS e um Kindle Fire, entre outras coisas. Enganar grandes corporações era bom, embora Liam tenha ficado com meu moletom alegando que servia melhor nele.

Em novembro, uma grande conferência sobre tecnologia de publicidade estava programada para acontecer na cidade. Aparecemos com crachás e nos alternamos entre conversas monótonas sobre a construção de perfis de clientes ou sobre o ecossistema UBX da IBM, coletando roboticamente cartões de visita de qualquer pessoa com quem quiséssemos nos integrar ou para quem quiséssemos vender. Um de nossos maiores concorrentes tinha um estande ali, e Liam e eu decidimos fazer algumas investigações. Caminhamos casualmente até o local e fizemos à representante algumas perguntas investigativas sobre seu produto; ela olhou para nós sem piscar e pediu para escanear nossos crachás. Ficamos boquiabertos um com o outro em pânico e silêncio por alguns segundos antes de Liam se afastar, fingindo atender a um telefonema. Fui atrás dele, murmurando um pedido de desculpas. Baitas detetives.

Enquanto isso, a turnê de arrecadação de fundos continuou. Nossa apresentação mais recente declarou nossa genialidade incomparável no fornecimento de dados de clientes para marcas focadas na geração Millennial. Vários potenciais investidores disseram-nos que não: o espaço estava muito lotado, não tínhamos experiência suficiente em nossa área, chegamos muito cedo. Disse a mim mesma que não os queríamos de qualquer maneira e, de qualquer forma, tínhamos problemas maiores para resolver. As últimas anotações de meu diário estavam repletas de lamentações agonizantes sobre o estado da dinâmica de nossa equipe.

Pelo menos Liam, Nick e eu estávamos unidos, juntos por causa de nossa preocupação com Tim. Ele em geral saía do escritório antes, e o resto de nós aproveitávamos a oportunidade para jantar sozinhos em qualquer restaurante próximo que ainda estivesse aberto quando saíamos. Uma noite, enquanto afogávamos nossas mágoas em intermináveis camarões no Red Lobster da Times Square, perguntei-me em voz alta se estaríamos melhor sem ele. Liam e Nick trocaram olhares triunfantes e confessaram que estavam esperando que eu admitisse isso há muito tempo.

Sentíamos principalmente que não o entendíamos. Não compartilhávamos sua necessidade de ter uma vida fora da empresa e ficávamos perplexos com suas inúmeras obrigações pessoais para com amigos e familiares, que nos pareciam uma distração; estávamos convencidos de que seríamos um foguete se não fosse por seu bizarro apego à ideia de equilíbrio entre vida pessoal e profissional. Mas por mais que quiséssemos que ele fosse embora, nenhum de nós teve coragem de realmente iniciar essa conversa, então continuamos trabalhando com ele indiferentemente enquanto orávamos em segredo por um milagre. Um de nossos parceiros vinha dando dicas sobre nossa aquisição e, quanto mais nossa equipe se desintegrava, mais tentador parecia.

Final de novembro. A cidade estava fria, úmida e suja. Um novo lote de fundadores estava prestes a chegar, e os parceiros aceleradores sugeriram fortemente que deveríamos sair do escritório para abrir espaço para eles. Sob uma pesada nuvem de retirada, arrumamos nossas coisas.

6. QUEBRA

Uma startup *é o maior empreendimento sobre o qual você pode ter domínio definitivo. Você pode ter arbítrio não apenas sobre sua própria vida, mas sobre uma parte pequena e importante do mundo.*

Peter Thiel, cofundador do PayPal e sócio da empresa de capital de risco Founders Fund, de São Francisco.[40]

O final de novembro em Montreal era o pior do inverno: dias chuvosos, temperaturas caindo abaixo de zero à noite, rajadas intermitentes de neve que rapidamente desvaneciam no cinza fosco do concreto. Pensávamos que voltaríamos com investidores, clientes e um caminho claro a seguir. Em vez disso, o verão não produziu novos investidores, mas apenas pequenos progressos com os clientes; a maior parte de nosso trabalho foi abandonada na forma de provas de conceito incompletas de várias tentativas diferentes. Nosso espírito de equipe quebrado era o elefante na sala, uma ferida aberta e purulenta que não sabíamos como tratar.

Nos breves interlúdios em que tudo corria bem, nos sentíamos como uma verdadeira equipe; as coisas que nos incomodavam um no outro desapareciam quando estávamos vencendo.

[40] Do livro de Peter Thiel, *Zero to One: Notes on Startups, or How to Build the Future* (Nova York: Crown Business, 2014), que é uma versão condensada das palestras de Thiel para um curso on-line que ele ministrou sobre startups na Universidade de Stanford.

Mas sempre que a situação se tornava insuportável, a camaradagem se dissolvia. Realizamos intermináveis reuniões de equipe nas quais circulávamos em torno da dinâmica pouco saudável de nossa equipe, sem perceber que essas reuniões sem objetivo faziam parte do próprio problema que aparentemente tentávamos resolver. Éramos soldados descontentes, enfiados em uma trincheira longe das linhas de frente e, na ausência de um inimigo externo visível, fomos rápidos em nos voltar uns contra os outros.

Em nossa reunião de equipe seguinte, Nick tentou nos unir em torno do inimigo comum do mundo exterior. Ele imaginou para nós uma maratona heroica de vendas e, em antecipação aos longos ciclos de vendas empresariais, criou uma planilha codificada por cores estimando o número de e-mails que precisaríamos enviar todos os dias para alcançar quinze vendas fechadas até junho próximo. Essa foi sua versão de um discurso motivacional: ele pensou que finalmente tínhamos descoberto nosso produto e agora tudo o que precisávamos fazer era preencher o nosso funil de vendas. Se investíssemos tempo e energia suficientes nesse problema, poderíamos superá-lo. Tim parecia pouco convencido, mas eu tinha fé que, se investíssemos o suficiente no metaproblema de convencê-lo, poderíamos conseguir isso também.

O outono se transformou em inverno. Depois da velocidade e urgência do verão, tudo de repente entrou em hibernação. Enviar cem e-mails frios todos os dias acabou sendo muito mais difícil do que parecia e, à medida que começamos a esgotar o grupo de clientes em potencial, nossa energia começou a se dissipar. Liam e eu começamos a jogar RuneScape novamente: o trabalho havia se tornado terrivelmente insatisfatório e foi bom ter uma saída imediatamente gratificante para nossa energia. A mecânica de subida de nível do jogo era muito mais direta do que nosso escasso funil de vendas, e eu precisava me suspender brevemente na ilusão de que nossa rotina diária resultaria em um todo transcendente.

Em dezembro, recebemos um termo de compromisso de uma empresa de capital de risco com sede em Nova York. Foi nossa primeira oferta real de financiamento e veio com uma quantia substancial de dinheiro e uma avaliação ligeiramente decepcionante. Hesitamos longamente sobre isso; não estávamos entusiasmados com o portfólio da empresa e os termos pareciam onerosos. Aparentemente, ser seu próprio patrão era isto: ou você mal causava impacto porque não tinha recursos ou tinha que arrecadar dinheiro de uma forma que entregasse o controle das rédeas a outra pessoa. Recusamos a oferta.

Em meio a essa paralisia na captação de recursos, a aquisição começou a parecer uma alternativa decente. Um de nossos parceiros ofereceu-se para nos levar até sua sede nos Estados Unidos, aparentemente para acertar detalhes da parceria, mas na verdade, suspeitávamos, era para nos convencer a vender nossa startup. Eles estavam sediados em uma cidade de médio porte, em um estado que eu nunca havia visitado antes, mas eu estava pronta para me entregar a eles se isso resolvesse nossa falta de progresso. Procurei apartamentos perto do escritório deles, tentando me imaginar trabalhando para uma empresa cujo produto não me interessava. Pelo menos não poderia ser pior do que trabalhar para minha própria empresa, cujo produto não me interessava.

Nas semanas que antecederam a viagem através da fronteira, nossas atitudes flutuaram selvagemente. Quando as coisas estavam indo bem, comemorávamos metas batidas relembrando nossa jornada comendo rodízios de sushi; Nick sugeriu que deveríamos esperar 8 milhões, enquanto Tim disse que não gostaria de vender a empresa, mesmo que nos oferecessem 20 milhões.

Outros dias, quando mal conseguíamos olhar um para o outro, depositava minhas esperanças na fuga simbolizada pela venda.

Quando chegamos à sede, em janeiro de 2016, ainda não tínhamos decidido se queríamos ou não vender a startup. Passamos horas e horas em uma sala de conferências analisando projeções financeiras e roteiros de produtos com seus executivos, sob um estrito acordo de confidencialidade. No meio de um longo debate técnico, o CEO saiu da sala e fez sinal para que Nick se juntasse a ele; eles voltaram alguns minutos depois, seus rostos inescrutáveis, o resto de nós fingindo não notar.

No voo de volta para casa, Nick nos contou. "Ele queria que eu dissesse nosso número primeiro, então eu disse oito. Ele disse, nossa, isso é alto, então eu falei, eu sei que você não vai me dar o que eu *pedir*. Ele riu, então talvez estejamos bem." Achei aquele número absurdamente alto, mas talvez era assim que funcionava a negociação. Fizemos suposições sobre qual seria a contraproposta: 6 milhões? 4 milhões? Qual seria nosso limite? De qualquer forma, esses números eram todos muito arbitrários, completamente divorciados de qualquer realidade material; nesse setor, os valores de aquisição geralmente se baseavam mais em intuição do que em métricas reais. Nuvens arrastavam-se preguiçosamente por baixo de nosso avião.

Pensei no que uma aquisição significaria para mim pessoalmente. Eu não tinha dívidas e meu pequeno salário era suficiente para cobrir o básico; eu não tinha certeza para que precisaria do dinheiro. Mas o valor do dinheiro estava menos em seu poder de compra e mais no que significava: sucesso, validação, negociação com a diretoria em vez de ser apenas mais um funcionário assalariado... e depois de mais de um ano como fundadora, eu me viciei nesse sentimento. O dinheiro seria bom se eu decidisse criar outra startup, mas sua principal função seria simbólica, não fiscal.

Espontaneamente, uma estatística me veio à mente – algo que li recentemente sobre muitos estadunidenses não conseguirem arranjar 400 dólares em uma emergência.[41] A realidade das dificuldades econômicas para as pessoas comuns parecia distante de onde eu estava, atravessando o ar rarefeito da troposfera, à primeira vista sem relação com a aquisição milionária que pensávamos que estaria por vir. E ainda assim, no final das contas, era o mesmo sistema monetário. Era um sistema que funcionava tanto como um guarda que mantinha quem precisa garantir a sobrevivência quanto como um meio para pessoas como eu demonstrarem valor. Ocorreu-me brevemente que talvez não fosse razoável esperar que fizesse as duas coisas.

Uma semana depois, nosso parceiro enviou seu principal negociador a Montreal para entregar pessoalmente a contraproposta. Foi o mais leve sussurro de uma oferta; disseram-nos que o máximo que podiam fazer era um – a palavra "milhão" nunca foi realmente dita, apenas sugerida – dividido 50/50 entre dinheiro e ações, ao longo de três anos, além dos salários de topo de linha de mercado. Eles nos ajudariam a mudar para os Estados Unidos e continuaríamos trabalhando no mesmo produto, apenas como uma pequena divisão da empresa deles.

Tentamos esconder nossa decepção. Essa era uma tática de negociação padrão da parte deles ou era a maneira de eles nos mandarem nos foder? O fato de terem comunicado isso pes-

---

[41] Essa estatística teve origem em um relatório anual divulgado pelo Federal Reserve, o Banco Central dos Estados Unidos. A análise de 2014, divulgada em maio de 2015, relatou que 47% dos entrevistados "dizem que ou não poderiam cobrir uma despesa de emergência no valor de 400 dólares, ou a cobririam vendendo algo ou pedindo dinheiro emprestado". Ver: Federal Reserve. *Report on the Economic Well-Being of U.S. Households in 2014*. Maio 2015. Disponível em: https://www.federalreserve.gov/econresdata/2014-report-economic-well-being-us-households-201505.pdf.

soalmente nos disse que estavam genuinamente empenhados em fazer funcionar. Talvez eles realmente não pudessem pagar mais. Mas não estávamos pensando em quanto eles poderiam pagar – estávamos olhando para fora, para outras startups, algumas das quais haviam sido vendidas por muito mais com base em muito menos. Eu fui pega de surpresa pelo que considerei uma enorme frustração; minha reação beirava a raiva. Claro, essas outras avaliações podem ter sido sintomáticas de uma bolha tecnológica, e não indicações de valor real, mas, em certo nível, acreditávamos que as avaliações eram justificadas – não estaríamos fazendo tudo isso se não acreditássemos nelas.

O engraçado é que eu sabia que no momento não estava motivada para trabalhar por causa do dinheiro, mas a ideia de receber uma oferta de salário de mercado e uma concessão de ações ligeiramente aumentada me fez me sentir enganada. Eu sabia que isso era bobagem; era difícil raciocinar sobre a questão de uma forma que não parecesse gananciosa. Em busca de uma comparação, calculei quanto teria ganhado se tivesse ido para o Google, tratando isso como mínimo para quanto teria que conseguir em uma aquisição. Foi uma distração narcisista, claro, já que não pude voltar no tempo para fazer essa escolha, mas era o único parâmetro que eu tinha.

No final, rejeitamos a oferta alegando valorizar nossa independência. Na verdade, porém, foi porque pensávamos que valíamos mais do que a avaliação que faziam de nós, e dado que não acreditávamos realmente em nossa missão, a pálida perspectiva de validação financeira futura era tudo o que tínhamos.

Depois que recusamos a oferta, voltamos à rotina – chega de fantasiar em nos mudar para os Estados Unidos. Estávamos girando em círculos novamente, nossa atenção saltando de ideia em ideia. Tim estava tentando conseguir contratos políticos relacionados às próximas eleições presidenciais estadunidenses; Liam e Nick estavam assinando um contrato com o departamento de marketing por e-mail de uma grande marca de consumo; eu estava construindo integrações com startups que ajudavam influenciadores do Instagram a monetizar seus públicos. Os dias passaram em uma névoa cinzenta de despejos de dados e trabalhos de manutenção rotineiros, e eu fiquei acordada até tarde, menos porque estava animada com o trabalho e mais por causa de uma tentativa tímida de adiar o amanhã. Apenas mais mil linhas de código e eu iria para a cama.

Se esse fosse um trabalho que eu fizesse apenas pelo salário e o resto de minha vida fosse em outro lugar, mesmo que parecesse chato, pelo menos seria compreensível. Mas todo esse esforço foi uma tentativa de *evitar* o trabalho penoso de trabalhar para outra pessoa – uma tentativa de definir o trabalho em meus próprios termos, de torná-lo exatamente o que eu queria que fosse. Qualquer marca que eu pudesse deixar neste mundo era mediada por meu trabalho, e eu estava cada vez mais preocupada com o fato de esse trabalho não ser especialmente significativo.

Eu acreditava que poderia escapar. Eu montei essa startup na esperança de que fosse uma chance de ser minha própria patroa: trabalhar de acordo com meu horário e em meus próprios termos, em vez de ficar presa a um trabalho das 9 às 5 com metas de entrega e um gerente. E, no entanto, qualquer que fosse a liberdade que eu imaginava, acabaria se revelando ilusória – minha startup ainda era governada pelas mesmas forças de mercado e começava a parecer que não havia liberdade real nesse sistema. As luzes estavam piscando novamente e pela primeira vez notei que todas as portas ao nosso redor estavam trancadas.

As realizações que eu costumava desejar pareciam cada vez menos promissoras. Eu não queria mais receita, crescimento, artigos elogiosos na imprensa de tecnologia; eu só queria sentir que tudo isso significava alguma coisa. Queria voltar ao início, à garagem metafórica, àquele primeiro verão em que não precisávamos nos preocupar com mais nada além de construir algo novo e excitante. Eu queria voltar à emoção de criar algo do zero, quando a pressão de realmente vender nosso produto era um brilho distante no horizonte.

Eu me sentia sufocada. Pensei que esse era o caminho que eu deveria seguir – a lendária jornada empreendedora –, e ainda assim tudo parecia vazio. Mas mesmo perdendo a esperança na possibilidade de alcançar a terra prometida, ainda não estava pronta para desistir. Seria horrível admitir que eu havia cometido um erro sem saber nem qual era a resposta certa.

Em março, era como se um cerco estivesse se fechando sobre nós. As plataformas das quais obtivemos nossos dados anunciaram que desligariam os *endpoints* dos quais dependíamos, essencialmente asfixiando nosso modelo de negócios. Do nosso ponto de vista, depois de passarmos quase dois anos construindo nossa tecnologia, isso parecia uma grande injustiça, embora o usuário médio dessas plataformas provavelmente ficasse ofendido com a existência de empresas como a nossa. De certa forma, foi um alívio: não precisávamos mais nos preocupar com o pior, porque já havia acontecido. Nosso compromisso em preencher nosso funil de vendas diminuiu e nossa planilha codificada por cores ficou cada vez mais desatualizada.

Assim que recebemos a sentença de morte para nosso modelo de negócios, a possibilidade de desistir começou a espreitar como uma nuvem sombria. À medida que nosso roteiro planejado caiu no esquecimento, Liam, Nick e eu começamos a refletir sobre o que havíamos aprendido. Resumimos tudo nas três lições mais importantes: escolha seus cofundadores com cuidado; evite riscos de plataforma; entenda o mercado antes de construir o produto. ("Criar um produto com o qual você realmente se importa" ainda não estava em nosso radar.)

O engraçado é que sempre que precisávamos explicar a situação de Tim a outros fundadores, eles entendiam instantaneamente: precisávamos de uma pessoa ativa – alguém ansioso para trabalhar tanto quanto nós – e ele não era um deles. Fora do contexto da cultura de startups, nós provavelmente soaríamos como pessoas com expectativas pouco saudáveis no local de trabalho; em minha mente, porém, estávamos completamente corretos. Em meu diário escrevi páginas e páginas de justificações dirigidas a um júri imaginário. Em meu relato, estive sempre do lado bom, do lado do fundador faminto e prestes a ter sucesso, capaz de revolucionar indústrias inteiras através da coragem e da paixão; do outro lado estava Tim, com sua desconcertante falta de comprometimento com a causa.

Propus inúmeras ideias para "corrigir" a atitude de Tim. Um exercício de equipe em que deveríamos debater nossos valores corporativos foi uma armadilha, porque Liam, Nick e eu havíamos concordado com as palavras que usaríamos com antecedência; só queríamos saber o que Tim diria. Eu soltei um "enxuta", esperando que fosse fácil – todos nós lemos o livro seminal de Eric Ries, *A startup enxuta*, e tínhamos até duas cópias em nosso escritório, sendo a cópia extra talvez ironicamente supérflua, mas simbólica –, mas Tim ficou eriçado. Ele respondeu que estávamos exaltando a eficiência a ponto do absurdo. Fiquei surpresa e sugeri (meu Deus) que ele lesse o livro novamente.

Depois disso, a atmosfera – já no fio da navalha – azedou sem possibilidade de reparo. Os dias passaram quase em silêncio, com trocas pessoais limitadas a saudações superficiais; as conversas de trabalho ocorriam principalmente no Slack. Enviei a Tim um texto explicando que todos nos sentiríamos melhor se ele fizesse um esforço para se familiarizar com a cultura das startups; ele não respondeu. O resto de nós criou um canal separado no Slack dedicado a pesquisar a ética de trabalho de Tim e compartilhar artigos sobre como lidar com incompatibilidades de cofundadores.

No final de março, estava brutalmente claro que nosso modelo de negócios não tinha futuro. Liam, Nick e eu estávamos inclinados a vendê-lo pelo lance mais alto. Essa era a parte fácil; a parte difícil foi dizer a Tim que queríamos tentar novamente o objetivo inicial, mas apenas nós três. Fui dar um passeio com ele, em que expliquei isso da maneira mais delicada possível, embora ainda enquadrando como hipotético.

Em meados de abril, decidimos. Não podíamos mais trabalhar com ele – a boa vontade compartilhada, tão crucial para qualquer equipe fundadora, havia desaparecido. Finalmente reunimos coragem suficiente para iniciar a conversa final, que Tim parecia ter previsto; ele respondeu com mais gentileza do que provavelmente merecíamos. E esse foi o fim de tudo.

7. MUDANÇA

A única maneira que vejo de empregar tantos recursos financeiros é convertendo meus ganhos na Amazon em viagens espaciais. É basicamente isso.

Jeff Bezos, CEO da Amazon, em entrevista ao *Business Insider* em 2018, quando seu patrimônio líquido era estimado em 131 bilhões de dólares.[42]

Primavera em Montreal: manhãs suaves e orvalhadas, flores do Novo Mundo desabrochando, chuvas quentes ocasionais. Depois de um inverno letárgico, estávamos lentamente acordando de novo. Despojados do único membro da equipe que pensávamos estar nos impedindo, de repente tivemos uma nova explosão de energia. As cores estavam inundando; tudo parecia mais brilhante, mais nítido, mais melódico. O ar fervilhava de possibilidades.

Agora que havíamos aceitado o quanto odiávamos nosso modelo de negócios, decidimos mudar para algo completamente diferente. Os fundadores faziam isso o tempo todo – Twitter, Slack, YouTube e Yelp foram todos o resultado de uma mudança bem-sucedida de modelos de negócios iniciais fracassados.

---

[42] Towey, Hannah; Canales, Katie. "Amazon Founder Jeff Bezos Pledged to Donate the Majority of his Wealth to Charity. Here's How he Currently Spends his $122 Billion Fortune, from Giant Underground Clocks to Space Exploration". *Business Insider*, 16 nov. 2022. Disponível em: https://www.businessinsider.com/jeff-bezos-net-worth-life-spending-2018-8.

Desta vez, acertaríamos; desta vez, poderíamos fazer qualquer coisa. Éramos mais velhos, mais sábios e mais bem conectados. O mundo parecia aberto para nós de uma forma que nunca tinha acontecido até então.

Nossas responsabilidades de trabalho eram mínimas, visto que havíamos decidido interromper o desenvolvimento do produto, então tínhamos bastante tempo para explorar as ideias inimagináveis nas quais queríamos trabalhar. A automação estava no topo dessa lista. Uma tarde, Liam mostrou-nos respeitosamente um vídeo sobre a divisão de robótica da Amazon – prova dos esforços da empresa para automatizar trabalhos perigosos, que vimos como um sinal da benevolência do CEO da Amazon, Jeff Bezos, que claramente se preocupava em tornar a vida melhor para seus trabalhadores. Nossas perspectivas eram imaturas e incompletas, sem base teórica, mas esperávamos poder descobrir tudo raciocinando a partir dos primeiros princípios, como se fôssemos as primeiras pessoas a ter pensado sobre cada conceito. Devorávamos postagens de blogues de líderes do Vale do Silício sobre possíveis respostas políticas à automação generalizada; fiquei especialmente intrigada com a ideia da renda básica universal, uma ideia que presumi ter sido inventada no Vale do Silício.

Eu não tinha certeza do que poderíamos fazer, mas me consolei com o fato de que nosso produto existente era uma aplicação restrita da ideia geral de automação, no sentido de reduzir a intervenção humana usando inteligência de máquina. Eu tinha certeza de que poderíamos adaptar nossa tecnologia também para outros casos de uso. Éramos inteligentes, estudamos ciência da computação, lemos *De zero a um* e *O lado difícil das situações difíceis* e *Freakonomics*; poderíamos resumir qualquer problema a uma pura abstração de mapeamento objeto-relacional.

Nossa ideia de pesquisa de mercado era procurar no Google várias palavras-chave relacionadas à automação. Todas as startups que encontramos pareciam ter focos restritos, como raspagem de sites. Minhas ambições eram muito maiores: queria construir uma plataforma para automatizar o trabalho humano em uma ampla variedade de setores verticais. Como antes, começaríamos com um mercado específico e depois expandiríamos a partir daí para ser a camada técnica subjacente a todos os tipos de tecnologia de automação que poupasse trabalho. (A ideia poderia ter sido diferente dessa vez, mas, tal como em nosso modelo de negócio anterior, o objetivo era a dominação.)

Essa ideia realmente me fascinou, então passei a pensar nela, prestando especial atenção às considerações éticas. Depois dos últimos dois anos trabalhando duro em um produto com valor social questionável, eu precisava que minha próxima startup fosse o oposto – um bem social descarado no qual eu pudesse me sentir virtuosa em trabalhar. Em meu diário, anotei uma declaração provisória de missão: "fazer a transição da humanidade para um estado onde o trabalho humano seja valorizado e aproveitado em todo o seu potencial". Isso significava não desperdiçar mais tempo humano em tarefas repetitivas e facilmente automatizáveis; em vez disso, as máquinas poderiam ser usadas para libertar as pessoas dessas necessidades. Além de economizar dinheiro e reduzir as taxas de erro, eu estava confiante de que o verdadeiro benefício da automação era devolver o tempo aos humanos. Eu não tinha certeza de como poderíamos conseguir isso, mas tinha fé que descobriríamos.

Nesse ínterim, o próximo Demo Day de nossa antiga aceleradora coincidiu com meu aniversário de 24 anos. Fizemos uma viagem em equipe para Nova York para recarregar as energias e conversar com os outros fundadores de nosso lote. Foi um pouco agridoce estar no Demo Day novamente, vendo o último lote de fundadores passando pelo moedor de carne, sabendo que a maioria deles seria esmagada.

Um colega fundador, também ex-aluno da aceleradora, nos convidou para passar em seu escritório no centro da cidade, repleto de janelas do chão ao teto e móveis de ateliês caros e de bom gosto. Durante uma hora, em uma sala de conferências cercada pela vista deslumbrante do horizonte de Manhattan, nós contamos a ele sobre tudo o que havia acontecido: a separação do cofundador, a morte de nosso modelo de negócios, nossos planos de nos transformarmos em uma empresa de automação sob o nome "Turing Labs" (posteriormente abandonado devido a sua associação com a empresa farmacêutica de Martin Shkreli, que pratica a manipulação de preços[43]). Ele foi alternadamente simpático e encorajador, e, quando saímos, senti-me um pouco mais leve, um pouco mais otimista. Afinal, essa startup já foi apenas uma ideia e agora era uma empresa de tecnologia de marketing extremamente promissora, com vista panorâmica de Manhattan e milhões de dólares em financiamento. Nós poderíamos conseguir também.

Da última vez, queríamos criar uma startup, qualquer startup, e então agarramos o fruto mais baixo da árvore apenas para descobrir que já estava podre. Dessa vez, porém, faríamos o certo. Dessa vez construiríamos algo em que realmente acreditássemos.

Depois de dois anos trabalhando em nossa estratégia de publicidade fracassada, finalmente estávamos prontos para desistir. A verdadeira mecânica da desistência ainda não estava clara – usamos termos como aposentadoria, extinção e pivotamento de forma quase intercambiável. Nick reabriu negociações de aquisição com empresas que haviam feito propostas no passado, começando com ofertas de venda de partes de nosso banco

[43] A empresa de Shkreli, Turing Pharmaceuticals, mais tarde viraria notícia por aumentar os preços de medicamentos que salvam vidas.

de dados. Foi um pouco doloroso ter que me despedir de um projeto ao qual dediquei tanto tempo, mas racionalmente sabia que era hora de seguir em frente.

Em maio, mudamos nosso escritório para um espaço de *coworking* para startups, onde nos preparamos para a inspiração surgir. Todos os dias, uma vez eliminado o trabalho urgente, era hora de pensar no céu azul. Devorávamos todo o material motivacional para empreendedores que pudéssemos encontrar: postagens em blogues de fundadores que falharam, mas estavam tentando novamente, ao misturar manuais de instruções com conselhos como "discutir coisas que o entusiasmam". Foi um pouco como uma terapia de grupo para fundadores de startups com *burnout*, com os tópicos de discussão fornecidos pelas manchetes do *TechCrunch* ou sacadas da turma do capital de risco no Twitter: startups de chatbot, carros autônomos, cujo mais recente luminar da tecnologia foi acusado de assédio sexual. Nick mencionou tecnologia da saúde, que Liam e eu vetamos porque não tínhamos experiência nessa área; sugeri algo relacionado a comida, apesar de também não ter experiência nisso. Liam meteu um papo sobre empresas de tecnologia financeira com potencial para democratizar as finanças. Enquanto continuássemos conversando, eventualmente uma ideia criaria raízes.

Em alguns dias, eu temia que estivéssemos nos enganando. Não havia garantia de que encontraríamos algo certo imediatamente, e a idealização de mais mudanças no horizonte era insuportável. Outros dias, eu já me via dando uma palestra em alguma conferência de startups, vários anos depois, sobre a história comovente por trás de nossa milagrosa mudança.

Apesar de nossa antiga insistência na necessidade do trabalho duro, nosso ritmo ficou um pouco mais saudável: horário normal durante a semana e folga nos finais de semana. Comecei a frequentar um parque próximo aos sábados, lendo romances de Neal Stephenson ou quaisquer links que encontrasse nas redes sociais. Em um fim de semana, me deparei com um ensaio da *n+1* intitulado "Uncanny Valley" [Vale assombroso], de Anna Wiener, compartilhado por algumas pessoas de tecnologia que seguia no Twitter.[44] Eu nunca tinha ouvido falar da *n+1* antes, que presumi ser uma publicação de tecnologia pelo nome, mas logo descobri que era uma revista literária. O ensaio reunia uma série de vinhetas sobre como trabalhar com tecnologia, e fiquei imediatamente absorta, segurando cada linha à medida que ela passava; quando terminei, rolei até o topo e li de novo. As palavras cortaram como uma faca minhas esperanças gradualmente minguadas, e eu queria afundar no oceano daquela escrita.

Embora eu tenha ficado mais crítica em relação ao setor nos últimos anos, ainda assim acreditava nele. Afinal, eu tinha apostado minha identidade nisso; me senti pessoalmente investida em seu sucesso. Mas lendo e relendo esse ensaio, comecei a ver a indústria sob uma luz menos lisonjeira: minha própria jornada em uma startup começou a parecer absurda, e nossa última tentativa de mudança parecia delirante, uma tentativa desesperada de permanecer em negação sobre nossa derrota iminente. Mas a autora desse ensaio estava em um barco semelhante e, embora sua jornada inicial parecesse ter um final agridoce, ela encontrou uma maneira de seguir em frente. Uma semente de esperança começou a brotar nas bordas de minha mente: talvez eu também conseguisse atravessar esse túnel sombrio de giros sem fim. E talvez eu saísse do outro lado como uma pessoa diferente, capaz de olhar para trás, para o desânimo de nosso momento atual, com graça.

---

[44] Ver: Winier, Anne. "Uncanny Valley: I would say more, but I signed an NDA". *n+1*, primavera 2016. Disponível em: https://nplusonemag.com/issue-25/on-the-fringe/uncanny-valley/.

Acima de tudo, eu queria chegar a um lugar onde tudo isso deixasse de doer tanto. Cada fracasso era uma chicotada em minha autoestima cada vez mais frágil, e mesmo os sucessos pareciam minúsculos quando comparados ao quão longe precisávamos ir. Eu não tinha certeza se conseguiria me motivar por muito mais tempo, mas me odiava por me sentir assim, porque parecia uma fraqueza; eu desprezava a fraqueza, principalmente em mim mesma. Eu queria ser mais forte que isso. Eu queria passar nesse teste de fé e emergir de novo, me livrando de meu ódio por mim mesma como se fosse uma pele antiga.

Maio se transformou em junho, o sol mais quente afugentando o crepúsculo, nós ainda perseguindo a sombra de nossa esquiva mudança. Nossa última ideia brilhante envolvia automatizar os manuais de funcionários, armazenando as diretivas dos trabalhadores como se fossem regras que poderiam ser interpretadas por uma máquina, e pensamos que os *call centers* poderiam ser um bom lugar para começar. (Em outras palavras, estávamos tentando codificar o processo de trabalho em um grande setor da economia, no qual nenhum de nós tinha trabalhado, a fim de automatizarmos os empregos e recebermos nós mesmos alguns dos dólares economizados com isso.) Isso não era exatamente a missão social que eu havia imaginado em maio, mas o problema técnico me cativou; eu poderia me preocupar com a parte ética mais tarde.

No entanto, não estava claro para onde ir a partir dessa etapa inicial de idealização. Não tínhamos contatos nesse espaço e eu nunca tinha conversado com um funcionário de *call center* fora do horário comercial – não tinha ideia de como era o trabalho deles. A novidade logo desapareceu e percebi que não estava pronta para dedicar os próximos anos de minha vida trabalhando nesse problema. A ideia foi abandonada silenciosamente, para nunca mais ser mencionada.

Mas tudo bem, porque não nos faltavam ideias. O verão passou voando em um turbilhão de pensamentos otimistas. Debatemos, discutimos e às vezes até concordamos; foi a maior diversão que tive desde meus dias de hackathon na faculdade. Às vezes não estava claro se estávamos discutindo coisas com as quais queríamos trabalhar pessoalmente ou coisas que apenas desejávamos que existissem. A palavra "pós-capitalismo" foi muito divulgada, inspirada nas reflexões de um capitalista de risco baseado em Nova York que recentemente começara a blogar sobre o assunto;[45] não tínhamos certeza do que a palavra significava, mas queríamos fazer uma startup mais ou menos nesse sentido. Em nosso nebuloso mapa mental, a Tesla parecia uma mascote do pós-capitalismo tão boa como qualquer empresa: positiva para o meio ambiente, patentes de código aberto, um CEO brilhante.

Nossas discussões começavam a beirar críticas leves ao capitalismo. As alterações climáticas continuaram a aparecer nas notícias daquele verão e, quando falávamos sobre isso, era com o reconhecimento de que os problemas ecológicos tinham muitas vezes uma causa econômica – que os custos da externalidade ambiental simplesmente não eram contabilizados no sistema atual. E a publicidade era minha implicância pessoal. Nosso tempo passado no espaço de tecnologia de publicidade me convenceu de que a maior parte da indústria estava inchada e eu queria viver em um mundo onde a prevalência da publicidade fosse radicalmente diminuída. Não gostava da ideia de uma indústria que essencialmente manipulava as pessoas para

---

[45] Ver: *The World After Capital*, do sócio da Union Square Ventures, Albert Wenger. Disponível em: http://worldaftercapital.org.

que comprassem coisas de que não precisavam a fim de aumentar as vendas.

Em nossa próxima empresa, faríamos algo significativo, e não simplesmente tecnológico por si só. Construiríamos algo que nos interessasse, que as pessoas quisessem, que pudéssemos financiar sem levantar muito capital. Se pudéssemos ter uma ideia como essa, daríamos certo.

Nesse meio tempo, à medida que analisávamos a lista de todas as possíveis mudanças mais otimistas, nosso negócio atual havia sido colocado em suporte vital, como um comatoso ligado a aparelhos. Começamos a reduzir nossa infraestrutura tecnológica: fazendo cortes severos no uso de memória e espaço, mudando para o fornecimento de servidores sob demanda, apesar da possível lentidão que causaria em nosso produto, e até mesmo reduzindo a produção de registros para economizar alguns dólares extras por mês. Nossos créditos da Amazon Web Services acabaram e cada dólar contava; quanto mais tempo conseguíssemos manter vivo nosso negócio, mais tempo teríamos para descobrir nossa improvável nova área de trabalho.

A robótica despertou meu interesse. Adorava a ideia de automatizar tarefas rotineiras, e minha mais recente obsessão era o trabalho em restaurantes – algo que, novamente, nunca tinha feito, mas que presumi que poderia otimizar. Minha visão era a de um robô industrial que automatizasse a produção de alimentos para que pudéssemos eliminar os incômodos custos trabalhistas e vender alimentos baratos. Fiz algumas pesquisas sobre a indústria de restaurantes, apenas para descobrir que os custos trabalhistas já eram bastante baixos – em grande parte dos Estados Unidos, o salário-mínimo para cargos com gorjeta era de apenas 2,13 dólares por hora; as maiores despesas tendiam a ser o custo de matérias-primas e aluguel. O aluguel estava fora de nosso controle e os custos dos alimentos crus teriam de ser resolvidos em algum lugar da indústria agrícola, embora

Nick tivesse se deixado levar pela tangente da tecnologia agrícola por alguns dias, divagando efusivamente sobre a instalação de sensores em tratores.

É evidente que minha suposição inicial estava errada: o que encarecia comer em restaurantes não era o fato de os trabalhadores supostamente serem pagos em excesso por algo que uma máquina poderia fazer facilmente. Isso prejudicou meus planos, mas ainda pensei que poderíamos encontrar um nicho nesse mercado. Em minha experiência, a comida preparada tendia a atender no máximo a dois fatores da tríade saudável/rápido/barato; e se pudéssemos garantir tudo?

Aconteceu que um restaurante *fast-food* especializado em tigelas de quinoa acabara de abrir na mesma rua. Na vez seguinte em que fui visitá-lo, fiz o que considerei uma pesquisa de mercado. Enquanto observava a funcionária montando os ingredientes solicitados em uma tigela, imaginei uma máquina parecida com uma fonte de refrigerante em seu lugar. Um sistema de autoatendimento tranquilo e sem atrito para combinar ingredientes, com pedidos e pagamentos feitos por meio de um aplicativo móvel que exigia o mínimo de colaboração dos funcionários. Os humanos eram caros, exigindo salário-mínimo, faltas por doença, intervalos para almoço; às vezes eles ouviam mal o que o cliente pedia. A humanidade estava confusa. Seria muito melhor ter uma máquina de aço brilhante gerenciada por meio de uma base de códigos que não errasse.

Se eu administrasse aquela startup, a funcionária que estava no momento montando minha tigela de quinoa seria demitida. Os trabalhadores de serviços eram trabalho improdutivo, do tipo que deveria ser otimizado; eu contrataria apenas engenheiros de alto desempenho e as pessoas necessárias para apoiá-los. Se eu precisasse de trabalhadores de serviços para fazer trabalhos de manutenção ou preparação de alimentos, simplesmente contrataria isso pelos salários mais baratos que o mercado pudesse garantir – a inovação por trás da recente onda de startups da *gig economy*.[46] Afinal, trabalhadores terceirizados não se qualificariam para receber salário-mínimo, proteções ou benefícios.

O que aconteceria com a funcionária? Bem, ela poderia encontrar outro emprego. É claro que outros trabalhos estavam sendo automatizados ou tornados mais desagradáveis devido à intensificação da tecnologia de vigilância, mas a situação dessa funcionária não era problema meu. Minha única responsabilidade era para com minha tecnologia, meus investidores, a noção mais elevada de progresso; os seres humanos no lado menos favorecido eram inconvenientes a serem eliminados, sacrifícios necessários no altar da eficiência.

Mas eu não estava administrando aquela startup, então essa funcionária conseguiu manter seu emprego, e o custo de minha tigela de quinoa foi em parte para permitir que ela pagasse suas contas, em vez de ser canalizada inteiramente para alguma startup do Vale do Silício, garantindo retorno para seus investidores. Os motores do progresso estavam paralisados e, em vez disso, eu teria de me contentar com o *status quo* abaixo da média, no qual as pessoas que não eram engenheiras conseguiam sobreviver sob o capitalismo.

O.k., então "robôs de comida" aparentemente estavam repletos de todos os tipos de questões éticas espinhosas, quem diria? Mas e os caminhões autônomos? Os meios de comunicação social perguntavam o que aconteceria aos caminhoneiros estadunidenses quando o trabalho fosse todo automatizado, e nós debatíamos avidamente sobre políticas que pudessem evitar potenciais tumultos. Nick propôs algum tipo de dividendo de dados, com motoristas de caminhão sendo pagos por qualquer

---

[46] Escolhemos manter o uso de *gig economy*, já amplamente difundido, cuja tradução possível seria "economia do bico" ou "economia de biscates". (N.T.)

viagem que tivessem feito e que contribuíssem para o algoritmo. Vetei isso instantaneamente – se aprendi algo com nosso modelo de negócios anterior, foi que a atribuição de dados era quase impossível. Não só seria tecnicamente ineficiente, mas também minaria a motivação de lucro da empresa que realiza a automação. Em qualquer caso, não havia uma forma neutra de avaliar a parcela do rendimento que deveria ser atribuída aos condutores; dependeria inteiramente de seu poder de negociação. Eu não sabia a maneira certa de resolver esse problema – uma renda básica? tecnologia de propriedade coletiva? –, mas a abordagem típica do Vale do Silício não parecia adequada aqui. Parecia que seria melhor pagar aos motoristas o que eles precisavam, em vez de inventar algum esquema bizantino e arbitrário para avaliar suas contribuições à base de dados.

Um dia, tive uma ideia que parecia ser a resposta para todos os nossos problemas. O que odiávamos em nosso modelo de negócios anterior era a indústria; a tecnologia era realmente muito legal. E se pudéssemos mantê-la, mas mudar o modelo de negócios? Chega de interferências em conferências de tecnologia de publicidade – poderíamos ser uma plataforma de dados genérica, aberta a qualquer pessoa que precisasse de dados de treinamento para aprendizado de máquina. Se isso funcionasse, seria nossa grande mudança, e fiquei tão entusiasmada com a possibilidade que registrei um domínio e criei um site inicial, mesmo antes de os outros concordarem. Mas depois de um pouco de pesquisa, percebi que as plataformas com as quais integraríamos para gerar dados de formação estavam repletas de questões éticas – todo o seu modelo de negócio dependia de um exército global de trabalhadores mal-pagos que não estavam abrangidos pelas leis laborais tradicionais. Meu entusiasmo desapareceu.

Depois de meses dessas discussões, eu estava começando a perder a fé no que estava fazendo. O kit de ferramentas de startup enxuta com o qual eu estava equipada parecia cada vez mais inadequado para os problemas nos quais eu queria trabalhar. Nick achava furos em todas as minhas propostas, o que eu achava altamente irritante, mas talvez ele estivesse certo – o modelo de startup pode não ser apropriado para nenhuma de minhas ideias otimistas para o bem-estar social.

Talvez eu tenha entendido o contrário. Eu havia presumido que o problema era a presença de trabalho insatisfatório e, portanto, a solução envolveria máquinas assumindo essa tarefa. Mas a própria presença de trabalhos insatisfatórios levantou a questão de saber por que as pessoas estavam neles. A menos que abordássemos essa parte, a automatização desses trabalhos não devolveria necessariamente o tempo a esses trabalhadores; em vez disso, provavelmente apenas os faria serem demitidos, relegando-os para uma série de empregos ainda piores. Talvez o verdadeiro problema não fosse o problema técnico da automação de empregos, mas sim o fato de não termos uma economia na qual fosse humano concentrar-nos apenas na automação em primeiro lugar.

No final de agosto, voamos novamente para São Francisco. Dessa vez, não tínhamos reuniões marcadas; era apenas para férias. Fizemos uma viagem de um dia ao Parque Nacional da Sequoia, e caminhar sob as sequoias centenárias da Sierra foi um lembrete estranhamente reconfortante da frivolidade de meus problemas iniciais. A viagem de volta para São Francisco passou em silêncio, e, quando a noite caiu, uma névoa misteriosa se instalou, envolvendo as silhuetas das árvores de ambos os lados.

Perguntas nos cercavam, agarrando-se a nós como neblina. Ainda mudaríamos? Por quanto tempo mais poderíamos fazer isso? E se todo esse sonho de startup fosse uma farsa? Poderíamos mantê-las afastadas por um tempo, mas elas estavam começando a se aproximar de nós.

Tínhamos realmente pensado que, assim que Tim saísse, seríamos uma equipe unida e nada nos impediria. Mas depois de vários meses de debates apenas entre nós três, o céu ainda estava nublado como sempre. Não conseguíamos nem concordar com uma ideia que todos queríamos fazer. A fissura central tinha Nick de um lado, Liam e eu do outro. Nick se autodenominava a voz da razão econômica, levantando objeções a quaisquer ideias que Liam e eu propuséssemos, alegando que elas não teriam sucesso como negócios viáveis, e, na verdade, ele estava certo. No entanto, Nick continuou a propor ideias relacionadas com o sistema de saúde dos Estados Unidos, citando exemplos de outros fundadores de tecnologia de publicidade que provocaram grandes ondas nesse espaço, enquanto Liam e eu nos opúnhamos a trabalhar com sistemas privados de saúde por princípio.

Eu queria uma causa em que pudesse acreditar de todo o coração, algo o mais distante possível da tecnologia de publicidade. Mas todas as ideias socialmente úteis nas quais eu queria trabalhar simplesmente não eram economicamente viáveis. E todas as ideias potencialmente lucrativas, a escolha mais fácil para startups, pareciam, na melhor das hipóteses, enfadonhas e desnecessárias e, na pior, moralmente abomináveis. Mas eu não sabia o que acontecia depois de se ter uma startup fracassada, a não ser sair dela. Eu li muitas histórias de fracasso do Vale do Silício, e a maioria delas terminou com os fundadores sacudindo a poeira e se levantando novamente. O fracasso só era aceitável quando levava a algo melhor, e eu apostei toda a minha identidade em ser o tipo de pessoa que poderia realizar qualquer coisa. Mas e se eu não conseguisse?

Em setembro de 2016, nosso caminho não parecia tão bom. Nossos primeiros clientes estavam cancelando ou reduzindo seus contratos. Um de nossos parceiros havia sido adquirido por outra empresa e não necessitaria mais de nossos serviços. Estávamos totalmente sem créditos de hospedagem na web e simplesmente manter nossos servidores funcionando estava esgotando nossa conta bancária. E nossa planejada mudança – aquela frágil bolha de ideias – estava se desintegrando diante de nossos olhos.

Os sócios da aceleradora recomendaram que vendêssemos a empresa o mais rápido possível. Eles ficaram desapontados por estarmos desistindo desse modelo de negócios, mas isso não era grande coisa para eles – eles haviam investido apenas uma pequena quantia em nossa empresa e provavelmente a recuperariam na aquisição de qualquer maneira. Além disso, eles esperavam que a maioria de suas empresas falisse; eles preferiam que fôssemos adquiridos ou até mesmo que fechássemos do que seguir administrando um negócio de estilo de vida para três pessoas. Se não estava crescendo, qual era o sentido? Combinamos ligações com vários departamentos de desenvolvimento corporativo, procurando uma aquisição adequada – isto é, uma oferta de trabalho conjunta disfarçada de aquisição de produto. Se nosso produto tivesse sido bem-sucedido, esperaríamos arrecadar talvez 1 milhão de dólares *per capita*, mas dado que estávamos morrendo lentamente, teríamos sorte se conseguíssemos 1 milhão no total.

Em outubro, eu já havia desistido quase totalmente do mundo das startups. Em vez disso, passei a maior parte do tempo no escritório acompanhando a cobertura das próximas eleições presidenciais dos Estados Unidos. Eu não conseguia me afastar; não pensava que Donald Trump pudesse realmente vencer, mesmo assim a possibilidade me horrorizava. Nossas conversas diminuíram e logo as horas passaram em silêncio.

Mesmo que encontrássemos um tema com o qual pudéssemos concordar, percebi que não poderia passar mais dois anos como os dois anteriores. Eu não tinha mais a energia de ter vinte e dois anos e estar entusiasmada com startups, e a ideia de suportar ainda mais um mês daquela rotina era como escalar uma montanha incrivelmente vertiginosa. Eu estava tão, tão cansada, e tudo a meu redor parecia encharcado por uma névoa desesperadora. Eu nem conseguia me lembrar por que estávamos fazendo isso em primeiro lugar.

Nick ainda estava esperançoso, mas ele sabia que Liam e eu estávamos lentamente nos esgotando. Um dia, do nada, ele perguntou: "Ainda estamos buscando essa mudança?" Liam e eu nos entreolhamos e encolhemos os ombros. A terra prometida não parecia mais tão promissora.

8. DESISTINDO

Mas não posso voltar atrás, essa perda de tempo, essa admissão de ter errado o caminho é insuportável para mim [...] O tempo que lhe foi outorgado é tão curto, que, caso perca um segundo, já perdeu toda sua vida, pois ela não é mais longa, é sempre apenas tão longa como o tempo que perdeu [...] Enquanto não parar de subir, não param de aumentar sob seus pés os degraus que sobem sempre.

Franz Kafka, "Advogados de Defesa",[47]
em *Narrativas do espólio.*[48]

O verão se transformou em outono. Os dias ficaram mais curtos e mais nítidos. As sombras se alongaram enquanto as folhas ficavam vermelhas e flutuavam em direção ao chão. A percepção de que eu estava perseguindo a coisa errada começava a me atingir.

A questão é que tudo o que fizemos parecia racional na época. Iniciamos com uma tecnologia que pensávamos que

---

[47] No original, a autora diz que o trecho citado é do conto "A partida" ("The Departure", em inglês), mas na verdade o trecho escolhido por ela é de "Advogados de defesa" ("The Advocates", em inglês). (N.T.)

[48] Por que inserir uma citação de um conto menos conhecido de Kafka em um livro sobre o Vale do Silício? Boa pergunta. Há algo estranhamente atemporal em Kafka, e quando me deparei com essas palavras (escritas por volta de 1920), fiquei um pouco assustada com a precisão com que elas capturaram a maneira como me senti durante os piores dias de minha startup.

perturbaria um mercado ossificado; a partir daí, percorremos o setor em busca da adequação do produto ao mercado, repetindo aquelas sílabas trocaicas como se estivéssemos rezando o rosário. Sempre girando bem a tempo de evitar o vazio bruto nas bordas dessa ambição. Depois de dois anos de giro sem objetivo, decidimos que não gostávamos de nosso modelo de negócios e queríamos tentar algo novo. Outra ideia de startup, outra chance de gol, outra batida nos portões sagrados do sucesso do Vale do Silício.

No entanto, depois de um verão de brainstormings inúteis, nossas esperanças de encontrar uma mudança milagrosa estavam diminuindo. Mas eu não sabia onde mais poderia depositar minhas esperanças.

E então, bem no meio de minha festa pessoal de autopiedade, Donald Trump foi eleito presidente dos Estados Unidos. Tirei alguns dias de folga para fazer o que todos os outros liberais pareciam estar fazendo: lamentar, condenar o racismo e o sexismo, navegar incessantemente pelas redes sociais.

Durante anos, nossa expectativa era a de talvez mudar para os Estados Unidos, simplesmente porque era lá que estava todo o dinheiro. No início, nosso alvo era a área da baía de São Francisco; depois de passar um verão em Nova York, mudamos nosso foco para a Costa Leste. Mas esperávamos que Hillary Clinton se tornasse presidente, com a ideia de que seria mais provável que ela aprovasse uma reforma da imigração que facilitaria a mobilidade de pessoas como nós. Nunca poderíamos ter imaginado um presidente que faria o tempo retroceder, tornando um regime de imigração já restritivo ainda mais nativista. Meu antigo sonho de me mudar para os Estados Unidos ficou ainda mais fora de alcance.

Enquanto isso, eu estava observando para ver como a indústria de tecnologia responderia a essa nova administração. O Vale do Silício era muitas vezes estereotipado como liberal

– pelo menos socialmente progressista, embora por vezes fiscalmente conservador – e eu esperava que líderes tecnológicos de alto nível usassem todas as alavancas a sua disposição para resistir. Fiquei muito desapontada. Houve algumas declarações ousadas de condenação a Trump, mas a maior parte do Vale do Silício parecia perfeitamente disposta a trabalhar com sua administração, reunindo-se na Casa Branca para mesas redondas[49] e enviando representantes para a equipe de transição.[50] Eleição encerrada, agora de volta aos negócios de sempre.

Mas a indústria tecnológica criou algumas das pessoas mais ricas do mundo, muitas das quais afirmavam realmente preocupar-se em tornar o mundo um lugar melhor. Podem me chamar de ingênua, mas eu realmente acreditei neles – realmente pensei que a tecnologia nos salvaria.

Qual era o sentido de toda aquela riqueza e poder se eles se recusavam a usá-los quando era importante?

Poucos luminares do Vale do Silício apoiaram publicamente Trump no período que antecedeu a eleição. Uma exceção notável foi Peter Thiel, cofundador do PayPal que se tornou um prolífico investidor no Vale do Silício, que doou 1,25 milhão de dólares à campanha de Trump e falou de seu apoio na Convenção Nacional Republicana. Thiel era sócio de meio período na Y Combinator e, embora o presidente do fundo, Sam Altman, tivesse se manifestado veementemente em sua oposição a

[49] Ver, por exemplo: Shabad, Rebecca. "Trump Hosting Roundtable with Silicon Valley's Tech Leaders". *CBS News*, 14 dez. 2016. Disponível em: https://www.cbsnews.com/news/trump-tech-leaders-meeting-ibm-tim-cook-others/. A lista de participantes incluía executivos de empresas como Microsoft, Facebook, Google, Apple, Amazon, IBM e Tesla.

[50] Ver, por exemplo: Dayen, David. "Google Gets a Seat on the Trump Transition Team". *The Intercept*, 15 nov. 2016. Disponível em: https://theintercept.com/2016/11/15/google-gets-a-seat-on-the-trump-transition-team/.

Trump, ele recusou pedidos para remover Thiel do fundo.[51] Eu de fato não poderia culpá-lo: Thiel estava profundamente integrado ao circuito de investimentos do Vale do Silício, e a Y Combinator não podia se dar ao luxo de aliená-lo. Em contrapartida, havia uma preocupação maior aqui: se aqueles que realmente tinham influência sobre pessoas como Thiel tinham medo de usá-la, o que o resto de nós deveria fazer? Quais seriam os mecanismos de feedback se aqueles que detinham o poder não estivessem dispostos a exercê-lo em nome daqueles que *não* o detinham?

Por um tempo, assisti avidamente aos mesmos programas de entrevistas liberais noturnos de antes, acompanhando os apresentadores enquanto eles trocavam de emissora ou iniciavam novos programas. Logo, as piadas começaram a parecer obsoletas – havia um número limitado de maneiras de insultar a aparência ou a incivilidade do presidente antes que parecesse que isso era tudo o que você tinha. A perspectiva liberal a que estava habituada já não funcionava mais para mim, pois eu estava perdendo a fé de que o sistema corrigiria as coisas de novo. Por fim, eu desliguei completamente.

---

[51] Ver: Kafka, Peter. "Y Combinator Boss Sam Altman Says He's Not Going to Cut Ties with Peter Thiel for Supporting Donald Trump". *Recode*, 16 out. 2016. Disponível em: https://www.vox.com/2016/10/16/13302120/y-combinator-sam-altman-peter-thiel-donald-trump. A afiliação de Thiel com a Y Combinator terminou logo depois disso, em circunstâncias pouco claras, conforme relatado em: Mac, Ryan. "Y Combinator Cuts Ties With Peter Thiel After Ending Part-Time Partner Program". *Buzzfeed News*, 17 nov. 2017. Disponível em: https://www.buzzfeednews.com/article/ryanmac/y-combinator-cuts-ties-with-peter-thiel-ends-part-time.

Depois que Trump foi eleito, minhas aspirações iniciais atingiram o fundo do poço. Eu não tinha certeza do que deveria fazer, mas agora que finalmente estava prestando atenção ao que acontecia no mundo ao meu redor, parecia frívolo voltar ao que estava fazendo antes.

Alguns de meus amigos estavam em um estado de mal-estar pós-Trump parecido, subitamente sem inspiração para perseguir seus objetivos profissionais anteriores. Um amigo havia mudado há pouco de carreira para se juntar a uma organização sem fins lucrativos que defende a reforma prisional. Perguntei-me se deveria fazer algo menos autoengrandecedor e mais relevante para o cenário político atual.

À medida que o mundo ficou mais sombrio e comecei a considerar seriamente caminhos de vida alternativos, minha inquietação com o que tinha feito nos últimos dois anos começou a tomar conta de mim. Liam e eu chegamos a essa conclusão mais ou menos simultaneamente e passamos inúmeras horas discutindo por que havíamos feito isso por tanto tempo. Por que pensamos que não havia problema em vender dados pessoais sem consentimento para que as marcas pudessem atingir melhor as pessoas? Analisei minhas primeiras entradas do diário e foi quase fisicamente doloroso ver o que escolhi registrar no dia a dia: o número de usuários que rastreamos, os atributos que pudemos inferir, os detalhes técnicos meticulosos dos bugs que corrigi – tudo porque realmente acreditei que isso faria diferença. Eu pensei que um dia olharia para trás, no auge do sucesso, e escreveria minha própria versão de *O lado difícil das situações difíceis*.

A questão é que sempre suspeitei, no fundo, que o que estávamos fazendo era errado. Nosso modelo de negócios nunca pareceu particularmente respeitável nem parecia contribuir para a sociedade de uma forma que legitimasse até mesmo as poucas receitas que obtínhamos. Sempre que eu tinha que explicar o que minha startup fazia, geralmente acrescentava a ressalva de que o modelo de negócios era um pouco chato, mas que os problemas técnicos eram divertidos; quem questionaria isso?

Ninguém nunca nos disse que o que estávamos fazendo poderia estar errado. As críticas que recebemos mencionavam o risco de plataforma em que incorríamos, a superlotação do espaço ou a potencial mercantilização de nossa tecnologia. As pessoas com quem contávamos para aconselhamento, dinheiro ou contatos nunca levantaram uma objeção ética a nosso flagrante desrespeito pela privacidade de outras pessoas. Por que elas fariam isso? Tínhamos visto um nicho no mercado e tentamos preenchê-lo. O mercado foi o árbitro final. Questões de ética não vinham ao caso.

Quaisquer dúvidas que pudessem estar escondidas no fundo de minha mente sempre empalideceram em comparação com a solidez do ecossistema mais amplo. Afinal, éramos uma pequena engrenagem de uma máquina muito maior. Todos com quem lidamos sabiam exatamente o que estávamos fazendo e ainda assim lidaram conosco. Empresas e indivíduos respeitáveis queriam investir em nós, adquirir-nos, promover-nos em seus serviços de computação em nuvem; como poderíamos não ter visto isso como validação? Todo o sistema parecia tão *resistente*. Eu não poderia ter dúvidas sobre minha startup sem que todo o fio se desfizesse, ameaçando a base de todo o meu sistema de crenças.

Mas agora a questão estava começando a se desenrolar e a indústria tecnológica em geral não estava fazendo muito para resolver minhas dúvidas. Quantas outras histórias pouco lisonjeiras eu precisava ouvir antes de perder a fé? Minha crença no setor tecnológico começava a parecer menos uma avaliação neutra de mérito e mais uma história contada para a autopreservação. Eu queria tanto acreditar que era especial, e, quando encontrei um refúgio que me dava o que eu queria, agarrei-me a ele, convencida de que era merecido: pessoas como eu, que eram boas em manipular computadores, estavam finalmente obtendo justiça de um mundo que anteriormente não conseguia validá-las. O velho mundo estagnado estava sendo perturbado pelo novo mundo brilhante e meritocrático. Era um mito reconfortante, que abracei porque tinha visto conforto, sem perceber que era apenas um mito.

Então, por um tempo, consegui ignorar os indícios de que a indústria de tecnologia era, no final das contas, apenas mais uma indústria. Mesmo os indícios claros da arrogância do Vale do Silício – as histórias de fraude empresarial, de assédio no local de trabalho ou de startups com excesso de financiamento – podiam ser descartados como exceções.[52] Nenhuma delas foi suficiente para desalojar minha fé na indústria como um todo.

Mas quanto menos eu me importava com minha própria startup, mais difícil se tornava ignorar as crescentes evidências da profunda podridão moral dentro da indústria. O crescente movimento *Me Too* estava se espalhando pelo Vale, e as histórias que eu lia eram convincentes o suficiente para superar minhas tendências instintivas de culpar as vítimas. Observei investidores e empreendedores que eu anteriormente reverenciava serem depostos – apenas para ascenderem a outra posição de poder no devido tempo. E as startups que eu costumava admirar estavam saindo do mercado, seus modelos de negócios revelaram-se construídos com base em margens insustentáveis, classificação incorreta dos trabalhadores ou em fazer os clientes de trouxa.

[52] Para um breve resumo de incidentes dessa natureza, ver: Griffith, Erin. "The Ugly Unethical Underside of Silicon Valley". *Fortune*, 28 dez. 2016. Disponível em: https://fortune.com/longform/silicon-valley-startups-fraud-venture-capital/.

Sempre presumi implicitamente que havia um núcleo de bondade dentro da indústria e, portanto, quaisquer problemas que pudessem existir acabariam sendo corrigidos. As pessoas que trabalhavam nela eram certamente melhores do que em outras indústrias; as startups fizeram crescer o bolo, então não havia problema se seus acionistas ficassem com uma grande fatia dele; os fundadores eram movidos por um desejo genuíno de tornar o mundo um lugar melhor – sua filantropia era a prova disso. Tudo o que eu tinha feito nos últimos dois anos baseava-se na maior fé na legitimidade da indústria. Admitir que estava errada seria insuportável.

Um ano antes, o *Wall Street Journal* tinha publicado o relatório inaugural sobre os numerosos problemas dentro da Theranos, então avaliada em 9 bilhões de dólares. À medida que mais alegações de má gestão surgiam, Liam, Nick e eu as discutíamos com um ar de perplexidade, tentando, sem sucesso, entendê-las. Tínhamos racionalizado o uso que faziam das máquinas de outras empresas quando as delas não funcionavam: isso não era desonestidade, era apenas uma boa estratégia! Todo mundo fez isso. Finja até conseguir e tudo mais. Peça perdão, não permissão. Eu tinha tanta certeza de que a Theranos era oprimida, vítima de um ataque injustificado da mídia – eles haviam arrecadado quase 1 bilhão de dólares! Todo aquele dinheiro não poderia estar errado.

Então, quando a coisa toda desabou, eu me vi incapaz de entender o que aconteceu. Não consegui conciliar os membros credenciados do conselho da empresa e os investidores de prestígio com as provas de fraude cada vez mais incontestáveis. Não combinava com minha compreensão de mundo. Aceitar essa refutação de minhas premissas abriria a porta para questionar todas elas, e o que me restaria afinal?

Agora, porém, em meu mal-estar pós-Trump, estava disposta a olhar mais profundamente para esses problemas do que para as avaliações pós-dinheiro, e por isso começava a ver a indústria sob uma nova luz. Aprendi sobre as condições de trabalho dos trabalhadores esquecidos que raramente partilhavam o sucesso da indústria tecnológica: os motoristas da Uber e da Lyft que ganham menos do que o salário-mínimo,[53] os trabalhadores dos armazéns da Amazon forçados a trabalhar a um ritmo implacável,[54] os trabalhadores da Foxconn cujos baixos salários e condições brutais permitiram as elevadas margens de lucro da Apple.[55] Entretanto, acionistas de todos os tipos regozijaram-se porque o valor de suas ações continuou a subir, e os recém-formados multimilionários da tecnologia foram generosamente elogiados por se comprometerem a doar seu dinheiro[56] – apesar de ainda estarem man-

---

[53] Ver, por exemplo: Kosoff, Maya. "Uber Drivers Speak Out: We're Making A Lot Less Money Than Uber Is Telling People". *Business Insider*, 29 out. 2014. Disponível em: https://www.businessinsider.com/uber-drivers-say-theyre-making-less-than-minimum-wage-2014-10.

[54] Ver, por exemplo: Nolan, Hamilton. "Inside an Amazon Warehouse, the Relentless Need to 'Make Rate'". *Gawker*, 6 jun. 2016. Disponível em: https://gawker.com/inside-an-amazon-warehouse-the-relentless-need-to-mak-1780800336.

[55] Ver, por exemplo: Musil, Steven. "Foxconn Working Conditions Slammed By Workers Rights Group". *CNET*, 30 maio 2012. Disponível em: https://www.cnet.com/news/foxconn-working-conditions-slammed-by-workers-rights-group/.

[56] Vários bilionários da tecnologia assinaram o "The Giving Pledge" ("O compromisso de dar"), um movimento liderado por Bill Gates e Warren Buffett. Esses bilionários estão essencialmente assumindo um compromisso não vinculativo de doar a maior parte de sua riqueza de origens duvidosas para causas filantrópicas, em vez de, sei lá, gastá-la em jatos privados ou queimá-la, ou algo assim. Não é a pior coisa que poderiam fazer, mas não é exatamente o ápice do sacrifício

tendo o suficiente para viver opulentamente, e de estarem doando apenas para causas que estavam de acordo com sua visão pessoal do que o mundo precisava.

Eu acreditava que a indústria de tecnologia era diferente. Eu pensava que ela buscava a mudança em prol do bem social, e não do benefício financeiro de uns poucos. Agora, eu estava começando a ver a forte divisão entre os poucos que estavam no topo e todos os demais, e parecia que os do topo colocavam seus interesses próprios em primeiro lugar – assim como faziam em outros setores. Eu precisava encontrar uma explicação e não achei que conseguiria encontrar nenhuma entre as postagens dos blogues de capital de risco e as histórias autocongratulatórias dos fundadores.

Em minha desilusão, voltei-me para algo que havia negligenciado por um tempo: os livros. Eu era uma leitora ávida quando era mais jovem, mas depois que comecei a programar isso caiu no esquecimento, com minha coleção de livros limitada principalmente a tutoriais sobre startups e romances de Neal Stephenson.

No final de 2016, nosso negócio estava se encerrando e eu não tinha mais muito trabalho para fazer, então comecei a passar um tempo na biblioteca local. Eu não tinha certeza do que queria ler, mas solicitei recomendações de amigos que liam mais e, às vezes, simplesmente pegava nas prateleiras livros de aparência promissora. Eu estava indo em todas as direções: ficção, filosofia, economia, crítica literária, teoria política. Muita coisa passou pela minha cabeça, mas de vez em quando apare-

---

que muitas vezes se diz ser. Ver o livro de Anand Giridharadas, *Os vencedores levam tudo: a farsa de que a elite muda o mundo* (Trad. Cibelle Ravaglia. Rio de Janeiro: Alta Books, 2020), para uma crítica a esse tipo de filantropia.

cia uma frase de ouro, soando clara como um sino, e eu sabia lá no fundo que estava no caminho certo.

E então cheguei a um ponto inesperado em que os fios convergiram. Uma vertente começou com relatos populares da crise financeira que abriram caminho para críticas mais profundas ao capitalismo. Ao mesmo tempo, mergulhei de cabeça em um escritor estadunidense em particular – David Foster Wallace – e, ávida por compreender melhor sua ficção, comecei a ler críticas literárias de sua obra. Foi um ensaio sobre um de seus romances que definiu o neoliberalismo de uma forma que finalmente me chamou a atenção, e descobri que o termo realmente tinha um significado – não era apenas um epíteto rude lançado contra os apoiadores de Hillary Clinton.

Foi a primeira vez que percebi que os livros que estava lendo não eram apenas uma distração do mundo real. Eu ansiava por uma compreensão mais profunda da indústria de tecnologia e do mundo em geral – talvez fosse assim que eu o encontraria. Todos esses livros estavam sob meu nariz o tempo todo, representando coletivamente uma fatia decente da produção intelectual de toda a humanidade, mas eu me considerava boa demais para eles porque era formada em exatas.

No final de novembro, ocorreu-me que eu poderia estudar esse assunto em tempo integral. O visto canadense de Liam estava acabando e ele queria voltar para Londres; eu poderia me mudar com ele e fazer algum tipo de mestrado em ciências sociais. Encontrei os sites de todas as principais universidades de Londres e examinei suas listas de mestrados, riscando aqueles que exigiam um diploma de graduação relevante. Um programa, criado recentemente, descreveu-se como "o estudo científico-social da desigualdade". Eu não tinha certeza do que isso significava, mas parecia intrigante. Marquei a página de inscrição como favorita e adicionei os livros recomendados do programa à minha lista de leitura.

Em janeiro, comecei um desafio pessoal de leitura para aumentar as apostas: eu leria quatro livros novos por semana. Um livro no início desse desafio ressoou especialmente em mim. *Capitalismo histórico e civilização capitalista*,[57] de Immanuel Wallerstein – uma escolha não planejada na biblioteca, que por acaso estava na mesma prateleira de um livro recomendado –, tinha uma análise chocantemente crítica da meritocracia. Eu já havia presumido que esse era um conceito inventado no Vale do Silício na década de 2000, mas este livro foi publicado pela primeira vez em 1983 e nunca tinha lido nada tão claro e convincente.

Eu costumava ter como certo que a indústria tecnológica era uma meritocracia e, além disso, essa meritocracia era inequivocamente boa. Há alguns anos, uma de minhas empresas de tecnologia favoritas colocou um tapete no chão de sua sede que dizia "Meritocracia Unida da GitHub", e quando isso desencadeou uma reação das feministas da indústria, fiquei perplexa; minha resposta instintiva foi presumir que as críticas simplesmente queriam que as condições fossem facilitadas para elas.[58] Mais recentemente, tendo aceitado que a "meritocracia" era comumente usada como um escudo para desviar acusações razoáveis de preconceito, eu tinha me tornado mais cínica em relação ao uso do termo, mas sem uma boa razão para isso.

Mas agora eu estava lendo um livro escrito por um sociólogo sobre um tópico totalmente alheio à indústria de tecnologia que capturava em palavras algo que eu vinha tateando há anos, e foi ao mesmo tempo gratificante e mortificante descobrir que pessoas fora de minha área conseguiram conseguiram fazer a

---

[57] Trad. Renato Aguiar. Rio de Janeiro: Contraponto, 2007.

[58] Para a cobertura deste incidente, ver: Orsini, Lauren. "Why GitHub CEO's Ditched Its Divisive 'Meritocracy' Rug". *ReadWrite*, 24 jan. 2014. Disponível em: https://readwrite.com/2014/01/24/github-meritocracy-rug.

Fiquei especialmente fascinada em ver o que estava acontecendo no Google. Os trabalhadores dessa empresa estavam entre os mais militantes na agitação contra seu empregador: um contrato com os militares estadunidenses tornou-se o foco de um alvoroço em toda a empresa,[79] e em maio vários engenheiros que trabalhavam no projeto se demitiram para consolidar sua recusa. E em julho a *Bloomberg* publicou uma história sobre o número de trabalhadores em contrato de tempo parcial que agora ultrapassavam os empregados de tempo integral, chamados de "força de trabalho paralela"; da forma como o descreveram, parecia um sistema de castas, com uma das empresas mais ricas do mundo tratando a maior parte de seus empregadores como cidadã de segunda classe, com o objetivo de fazer suas finanças parecerem melhores.[80] Quando trabalhei lá, não tinha entendido as razões por trás da diferença entre contratado em tempo parcial/funcionário; eu tinha intuído que a Internal Revenue Service (IRS)[81] era de alguma forma culpada pelo fato de esses contratados não serem permitidos nas festas da empresa.

Houve um tempo em que os professores não se consideravam trabalhadores e, consequentemente, evitavam esforços

---

Work With ICE, as Tech Industry Mobilizes Over Immigration". *The New York Times*, 19 jun. 2018. Disponível em: https://www.nytimes.com/2018/06/19/technology/tech-companies-immigration-border.html.

[79] Em junho de 2018, o Google anunciou que não renovaria seu contrato com o Departamento de Defesa dos Estados Unidos. Ver, por exemplo: Conger, Kate. "Google Plans Not Renew Its Contract for Project Maven, a Controversial Pentagon Drone AI Imaging Program". *Gizmodo*, 1º jun. 2018. Disponível em: https://gizmodo.com/google-plans-not-to-renew-its-contract-for-project-mave-1826488620.

[80] Bergen, Mark; Eidelson, Josh. "Inside Google's Shadow Workforce". *Bloomberg*, 25 jul. 2018, em: https://www.bloomberg.com/news/articles/2018-07-25/inside-google-s-shadow-workforce.

[81] A Receita Federal dos Estados Unidos. (N.T.)

para se organizarem coletivamente. Mas, agora, uma onda de greves de professores estava se espalhando pelos Estados Unidos, e eles estavam ganhando concessões que não teriam obtido de outra forma.[82] Talvez também chegasse a hora da tecnologia.

No final de outubro de 2018, eu estava visitando São Francisco quando os funcionários do Google anunciaram uma paralisação em massa em todo o mundo.[83] Estava marcada para 1º de novembro às 11h11 e foi em protesto contra a forma como o Google lidou com uma investigação de assédio sexual, que tinha deixado ao assediador uma indenização de 90 milhões de dólares.[84] As mulheres na empresa ficaram especialmente furiosas com a notícia e até mesmo os leais ao Google estavam acordando para a constatação de que sua empresa aparentemente progressista preferia proteger os poderosos em vez dos funcionários de baixo escalão.

Eu estava hospedada em SoMa e peguei um carro da Lyft até o escritório do Google na Spear Street, que não via há meia década. Um velho amigo estava trabalhando no escritório naquele dia e, quando o vi na calçada, ele explicou que não ficou

---

[82] Para mais detalhes, ver: Blanc, Eric. *Red State Revolt: The Teachers' Strike Wave and Working-Class Politics*. Londres/Nova York: Verso, 2019.

[83] Para mais detalhes sobre as demandas da paralisação, ver a carta postada pelos principais organizadores da paralisação: Stapleton, Claire; Gupta, Tanuja; Whittaker, Meredith. "We're the Organizers of the Google Walkout. Here Are Our Demands". *The Cut*, 1º nov. 2018. Disponível em: https://www.thecut.com/2018/11/google-walkout-organizers-explain-demands.html.

[84] Ver: Wakabayashi, Daisuke; Benner, Katie. "How Google Protected Andy Rubin, the 'Father of Android'". *The New York Times*, 25 out. 2018. Disponível em: https://www.nytimes.com/2018/10/25/technology/google-sexual-harassment-andy-rubin.html.

particularmente comovido com as exigências de paralisação, mas que decidiu aderir mesmo assim porque todos os outros pareciam estar aqui.

O sol brilhava enquanto os manifestantes enchiam as calçadas e se espalhavam pelas ruas quase vazias. Havia centenas de funcionários do Google naquele dia, carregando cartazes sobre os direitos das mulheres e a democracia no local de trabalho, e fiquei um pouco tonta quando a delegação começou a marchar em direção ao Embarcadero. Na praça Harry Bridges, os organizadores fizeram breves discursos sobre os direitos dos trabalhadores e leram histórias horríveis sobre as experiências de trabalhadores anônimos com o RH do Google. As pessoas aplaudiram nos momentos certos, embora houvesse um leve ar de incerteza, já que muitos dos participantes pareciam não sacar a etiqueta certa para um protesto, ou o que quer que fosse; alguns agarraram-se a seus telefones, parecendo que prefeririam estar de volta a suas mesas. Passos de bebê, supus. Conseguir que um grupo de trabalhadores de colarinho-branco da tecnologia se manifestasse para uma ação que era especificamente um protesto contra a gestão – reconhecer que a empresa não era uma família, mas consistia em classes distintas com interesses distintos – foi uma vitória suficiente para aquele momento.

Quando os discursos terminaram, as pessoas começaram a voltar para Spear Street. No caminho de volta para onde eu estava hospedada, passei por um piquete em frente a um hotel Marriott. Os trabalhadores de lá estavam em greve há quase um mês, como parte de uma negociação contratual entre a administração e o sindicato, e eles seguravam cartazes que diziam "Um emprego deveria ser suficiente". A maioria dos trabalhadores no piquete era mulheres chinesas. Quando peguei uma placa e entrei nas fileiras, algumas sorriram para mim. Uma funcionária perguntou em mandarim em que hotel eu trabalhava e, quando expliquei que estava aqui apenas como apoiadora, ela insistiu em me dar um pouco do macarrão delas.

Superficialmente, você pensaria que os engenheiros do Google e as faxineiras dos hotéis Marriott não poderiam ser mais diferentes. E, no entanto, um componente-chave da disputa sindical das trabalhadoras do hotel foi a prevalência do assédio sexual no local de trabalho: quando os hóspedes do sexo masculino assediavam as empregadas de limpeza, em sua maioria mulheres, a gestão fazia muitas vezes vista grossa e elas tinham, por vezes, de regressar ao local de trabalho.[85] As especificidades podiam ser diferentes, mas os mesmos problemas subjacentes existiam em ambas as empresas. Os trabalhadores do Google podiam atualmente usufruir de certas vantagens sobre os trabalhadores de serviços, mas, no final das contas, ainda trabalhavam para uma empresa que colocaria as necessidades da gestão à frente das dos trabalhadores. Quando se tratava de interesse de classe, os funcionários do Google e do Marriott teriam mais em comum entre si do que com seus respectivos gestores. As mesmas demandas e lutas.

Por um tempo, achei difícil conversar com pessoas da indústria de tecnologia, até mesmo com velhos amigos, sobre minha gigantesca mudança pessoal. Com toda a honestidade, eu ainda estava tentando entender isso sozinha. Além do mais, hesitei em falar muito porque estava preocupada em não os ofender – ou os entediar. Mas as pessoas com quem conversei ficavam

[85] Para uma cobertura das demandas da greve, ver, por exemplo: Campbell, Alexia Fernández. "Marriott Works Just Ends the Largest Hotel Strike in US History". *Vox*, 4 dez. 2018. Disponível em: https://www.vox.com/policy-and-politics/2018/12/4/18125505/marriott-workers-end-strike-wage-raise.

geralmente fascinadas e descobri que muitas das quais eu considerava felizes com suas carreiras estavam em estados de insatisfação semelhantes aos meus. Algumas haviam feito uma espécie de *check-out* mental; outras estavam refletindo silenciosamente sobre as alternativas ou simplesmente aguardando até economizarem o suficiente para desistir. Foi um peso tirado de meus ombros saber que não estava sozinha, e fiquei grata por ter conseguido parar.

Às vezes eu ficava nostálgica com minha antiga vida. As coisas eram mais fáceis quando eu tinha estrutura, um caminho consistente a seguir e métricas simples para otimizar. De vez em quando eu verificava o site de meu programa acelerador para ver os logotipos das startups com fundadores com quem eu havia me embebedado, cujas propostas eu ouvia repetidas vezes no escritório. Algumas fecharam ou foram adquiridas; outras haviam empreendido mudanças bizarras. Eu me perguntei quantas delas estavam apenas tropeçando como cascas sonâmbulas porque estavam com muito medo de admitir o fracasso – como nós estivemos, por tanto tempo.

Supus que qualquer portfólio de startups acabaria se tornando um mausoléu. Era assim que funcionava: muitos fracassos em troca de um pequeno número de sucessos. Era um bom sistema para os capitalistas de risco, que podiam passear por aí com seus Teslas, Allbirds e coletes Patagonia; eles recebiam reembolso de despesas, faturavam juros, a emoção de serem adorados por aspirantes a empreendedores esperançosos. Como era para os fundadores? Os seus investidores poderiam optar por lhe dar algum grau de autonomia, mas em última análise a escolha foi *deles*; o trabalho de sua vida não era verdadeiramente seu. Todo esse tempo que você nunca poderia recuperar, gasto na busca de uma causa tola, governado por forças fora de seu controle. Suas esperanças e sonhos excessivamente determinados por um sistema que exige que você sacrifique seu tempo com o objetivo de obter o retorno do investimento de seus investidores.

Não quer dizer que os fundadores merecessem mais simpatia – mesmo os empreendedores fracassados provavelmente ficariam bem; a indústria era tolerante até certo ponto com o fracasso. Mas parecia um pouco inútil mesmo assim. Todo o esforço, as noites sem dormir, as perturbações incessantes – para quê?

10. AMBIENTE ESTÚPIDO

A computação é terrível. As pessoas pensam – falsamente – que houve algo como processos darwinianos gerando o presente. Portanto, o que temos agora deve ser melhor do que qualquer coisa que tenha sido feita antes. E não percebem que os processos darwinianos, como qualquer biólogo lhe dirá, não têm nada a ver com otimização. Eles têm a ver com adaptação. Se você tiver um ambiente estúpido, terá uma adaptação estúpida.

Alan Kay, um cientista da computação que contribuiu com trabalhos importantes para programação orientada a objetos e interfaces gráficas para usuários.[86]

Consideremos o Vale do Silício como o estado final de uma função de aptidão.

Essa função é orientada pela acumulação de capital: o que dá dinheiro é o que é financiado. É claro que não é totalmente determinista – há espaço para diferentes abordagens, diferentes graus de lucro *versus* risco – e não é algo totalizante. Algum dinheiro fluirá para causas que não são lucrativas por si só, mas que permitem a extração de lucro em outros lugares, e há até espaço para iniciativas que não estão alinhadas com a motivação do lucro, embora estas sempre tenham dificuldade para se

[86] Citado de uma entrevista com Adam Fisher para seu livro sobre a história do Vale do Silício, *Valley of Genius: The Uncensored History of Silicon Valley (As Told by the Hackers, Founders, and Freaks Who Made It Boom)*. Nova York: Twelve, 2018.

expandir, desde que uma função capitalista de alocação de recursos domine.

Por mais tentador que seja imaginar a tecnologia como um refúgio do mundo real, ela nunca se desenvolve no vácuo; seu financiamento depende do ambiente político e econômico mais amplo que constitui a função de aptidão para a alocação de recursos. E durante os últimos quarenta anos, grande parte do mundo foi dominada por uma viragem em direção à política neoliberal,[87] com a política monetária dos Estados Unidos abrindo o caminho. O equilíbrio de poder entre capital e trabalho oscilou decisivamente em favor do capital, conduzindo a um mundo onde as decisões sobre como os recursos devem ser gastos e o que as pessoas devem fazer são tomadas em benefício das grandes empresas, muitas vezes multinacionais.

Se os trabalhadores alguma vez tiveram alguma palavra em questões econômicas, certamente não a tiveram mais após o início do neoliberalismo. Os sindicatos estão em declínio acentuado; a política foi reduzida a escolher entre o partido que apoia o capital que representa o mal menor; e a maioria das pessoas tem pouco controle sobre o funcionamento mesmo da mais ínfima fatia da economia. Esse controle pertence ao capital, em sua variante recentemente globalizada e fortemente financeirizada; pertence aos bilionários e àqueles que orientam as políticas em seu nome. Certamente não pertence aos trabalhadores – que trabalham em fábricas exploradoras em países com padrões laborais mais baixos, ou que trabalham nas zonas regulamentares cinzentas da economia subterrânea – nem aos governos eleitos democraticamente, que são muitas vezes intimidados a oferecer incentivos fiscais generosos sob a bandeira de criação de empregos.

---

[87] Para mais informações, ver: Harvey, David. *O neoliberalismo: história e implicações*. Trad. Adail Sobral e Maria Stela Gonçalves. São Paulo: Edições Loyola, 2008.

Nesse deserto neoliberal brota a semente do Vale do Silício. A revolução dos semicondutores de meados do século logo dá lugar ao nascimento da internet e dos dispositivos de computação pessoal que podem acessá-la. Nesse deserto ressecado que é o proverbial fim da história, um árido realismo capitalista e neocolonialista está na ordem do dia. O que é bom para as empresas é bom para os Estados Unidos, e o que é bom para os Estados Unidos é bom para o mundo. A tecnologia pode ser inicialmente financiada pelos Estados, mas é sempre implementada através de meios comerciais. As empresas são simplesmente mais enxutas, mais eficientes e melhores – especialmente aquelas sediadas no mundo desenvolvido.

No final do milênio, o capital está efervescente, circulando pelo sistema graças a um ambiente regulamentar amigável, à ascensão da engenharia financeira, a uma intensificação da extração de recursos naturais e a concessões salariais exigidas de um movimento trabalhista derrotado. Em seguida, inunda o setor tecnológico, elevando as avaliações para além do que pode ser sustentado mesmo por um mercado tão irracional. Quando a bolha arrebenta sob a forma do *crash* das pontocom, deixando para trás perdas de emprego e promessas incompletas, o dinheiro simplesmente se transfere para empreendimentos mais promissores, como a inflação de ativos imobiliários.[88] E quando isso entra em colapso na forma da crise das hipotecas de segunda linha, o dinheiro volta lentamente para a tecnologia, na onda de uma amnésia coletiva sobre as causas da última bolha. Esse certamen-

---

[88] Para uma perspectiva marxista sobre os fundamentos econômicos da bolha e do arrebentamento das pontocom, ver: Srnicek, Nick. *Platform Capitalism*. Cambridge, UK: Polity, 2016. Para uma visão dos aspectos psicológicos da bolha, ver: Krantzler, Mel; Krantzler, Patricia Biondi. *Down and Out in Silicon Valley: The High Cost of the High Tech Dream*. Nova York: Prometheus, 2002. É uma excelente leitura.

te não foi o suspiro moribundo de um sistema econômico doente – era simplesmente demasiado cedo. *Dessa* vez é diferente; *dessa* vez, a indústria tecnológica será digna de suas avaliações.

E por um tempo parece que está tudo bem. Das cinzas da primeira bolha tecnológica surge o novo e melhorado Vale do Silício: empresas da era pontocom que sobreviveram, como baratas, e agora têm fluxo de caixa positivo; novas tentativas em modelos de negócios antigos dentro de um ambiente de financiamento mais amigável; além de toda uma gama de novos modelos de negócios aproveitando os recentes avanços tecnológicos. E não faltam modelos de negócios inovadores para essas empresas. Alguns comercializam os frutos da pesquisa financiada pelo Estado, utilizando o trabalho de trabalhadores remotos, levados à beira do suicídio. Alguns inventam maneiras inteligentes de atrair a atenção das pessoas em grande escala. Alguns vendem produtos com prejuízo, em uma tentativa de conquistar o mercado expulsando os concorrentes. Os bem-sucedidos constroem fossos sólidos para manter o controle de suas plataformas, aplicando agressivamente infrações de propriedade intelectual para garantir que a tecnologia permaneça em suas mãos.

Quanto maior se torna a indústria, mais indiscriminado é o dinheiro que entra. Os empreendimentos tornam-se mais bizarros e mais descarados ao desrespeitarem as convenções dos princípios contabilísticos geralmente aceitos. Não é necessário ser *rentável* para angariar vários milhões de dólares neste ramo, desde que se tenha um plano para eventualmente controlar um setor da economia de uma forma que lembre a Amazon a seus investidores. Você nem precisa de rascunhos de software para ser avaliado como uma empresa de tecnologia: você só precisa de um logotipo elegante, uma remuneração executiva superinflacionada e kombucha disponível, embrulhado em um mantra corporativo de bem-estar proclamado em uma elegante fonte sem serifa.

Será este apenas o destino sombrio da tecnologia, ser um indicador das saídas mais lucrativas para o capital? Estaremos condenados a permanecer nessa bolha de exuberância irracional, com as avaliações das startups subindo perpetuamente para além do domínio da razão entre preço e lucro? Em certo sentido, nossa situação atual não é nada irracional – é altamente racional sob a lógica econômica prevalecente do capitalismo. A promessa de lucros futuros através de aplicações inteligentes de tecnologia será quase sempre um investimento mais prudente do que esforços sem fins lucrativos para melhorar a vida das pessoas. É por isso que temos agora uma abundância de produtos de consumo destinados principalmente às pessoas ricas, mesmo quando a região que muitas dessas startups chamam de lar está repleta de pessoas que ficaram sem teto.[89]

É um ambiente estúpido que produziu uma adaptação estúpida.

Em um sistema capitalista, o dinheiro é direcionado para a indústria da tecnologia na esperança de obter retorno. Parte disso pode ser impelido por motivações altruístas, por uma crença genuína de que a indústria tecnológica é o melhor veículo para criar um mundo melhor, mas há sempre um asterisco para o mundo melhor que está para ser criado: um mundo onde os investidores obtêm um retorno polpudo. Esse é o cerne do principal imperativo econômico que impulsiona a indústria de tecnologia, cujo produto real não são os aplicativos para smartphones nem mesmo os smartphones – seu principal produto é

[89] Para comentários sobre esse fenômeno, ver, por exemplo: Marx, Parris. "The iPhone X Proves How Tim Cook's Apple Is Embracing the Rich". *The Bold Italic*, 25 set. 2017. Disponível em: https://theblditalic.com/the-iphone-x-proves-how-tim-cooks-apple-is-embracing-the-rich-8a0270d8fc91.

o retorno do investimento. E isso é algo em que a indústria tem se destacado.

Mesmo os que acreditam no Vale do Silício já não podem ignorar o ecossistema destroçado que ajudaram a produzir. Alguns sugerem a democratização do financiamento ao nível do capital de risco, apoiando mais fundadores de grupos historicamente sub-representados. E, claro, isso pode ser um avanço em relação à situação atual, mas a doença é mais profunda do que a composição de quem recebe financiamento. Decorre da própria razão de ser da indústria – os empreendimentos de risco precisam procurar retorno, e, portanto, a motivação do lucro é uma força motriz válida.

É claro que os defensores do *status quo* podem discordar de que há algo fundamentalmente quebrado no sistema atual. Podem reconhecer a miríade de fracassos, como Theranos, Juicer e WeWorks, as empresas sobrevalorizadas e sobrecarregadas que poderão nunca ser rentáveis –, mas argumentariam que isso está fadado a acontecer em qualquer sistema, em vez de ser um indicativo das falhas do sistema. Eles insistiriam que ainda vale a pena no final. Mas quais são os sucessos que justificam as grandes quantidades de capital investidas nessa indústria? Precisamos de várias empresas de scooters de bilhões de dólares?[90] De um desfile interminável de empresas de criptomoedas e empresas que vendem insumos virtuais para outras empresas de criptomoedas? De redes de hotéis, empresas de automóveis ou

[90] O.k., existem apenas duas até agora – Lime e Bird –, mas duas ainda são demais para o meu gosto. Ver, por exemplo: Schleifer, Theodore. "Lime, A Scooter Startup That Barely Existed Two Years Ago, Now Going To Be Worth $2 Billion". *Vox*, 15 jan. 2019. Disponível em: https://www.vox.com/2019/1/15/18184756/lime-scooter-fundraising-valuation-two-billion.

proprietários de imóveis valorizados em avaliações de empresas de tecnologia, pois há muito dinheiro do petróleo circulando?[91]

E mesmo os supostos sucessos – a tecnologia que amamos – não são nossos. Os produtos que valorizamos, aqueles que armazenam nossos dados, memórias ou conexões, são propriedade dos acionistas e operados em seu nome. Não há recurso democrático quando a empresa que fabrica um produto adorado é encerrada quando comprada por uma empresa maior. Os usuários têm poucos caminhos para contestar a decisão de uma empresa de excluir retroativamente seus dados, ou de começar a exibir anúncios, ou de recomendar determinado conteúdo em detrimento de outros. E não importa quão crucial seja um software para um determinado ecossistema, ou quanto trabalho comunitário esteja envolvido para mantê-lo vivo –, em última análise, ele pertence aos investidores, e esses investidores acabaram de nomear um novo CEO cujo objetivo é gerar mais receita.

Isso não quer dizer que esses produtos não deveriam existir, ou que só deveriam ser construídos fora da indústria da tecnologia. Quer dizer que a motivação implícita do lucro que orienta o funcionamento da indústria não se adequa ao desenvolvimento tecnológico. E, no atual ambiente macroeconômico turbulento, as avaliações foram inflacionadas para além da razão, tanto das startups "boas" como das "más". Esse influxo de capital não só envenena os produtos úteis, encorajando-os

---

[91] Estou me referindo principalmente ao SoftBank Vision Fund, que despejou quantias incríveis de dinheiro em empresas como a gloriosamente sobrevalorizada (e ainda não lucrativa) WeWork, mas o SoftBank é apenas o exemplo mais flagrante da tendência. Para uma visão geral das recentes dificuldades financeiras do SoftBank, ver: Sammon, Alexander. "SoftBank's Blurry Vision". *The American Prospect*, 11 out. 2019. Disponível em: https://prospect.org/power/softbanks-blurry-vision-fund-tech-ipos/.

a serem vendidos para grandes corporações, como também inflaciona as avaliações de empresas menos úteis.

E é o seguinte: as startups são catapultadas para avaliações astronômicas por uma entrada de capital global. Depois de certo ponto, já não é um jogo – são recursos econômicos reais. As avaliações absurdas citadas sem fôlego na imprensa de tecnologia não são apenas números surgidos do nada. O dinheiro representa um direito a uma parte do produto social, e a atual bolha tecnológica está efetivamente retirando recursos de empreendimentos mais úteis socialmente.

Sempre volto a isto: é tudo o mesmo dinheiro. Cada dólar de financiamento de capital de risco para outra startup inútil em um espaço já lotado é a mesma forma de pagamento que permite ou nega a alguém acesso à moradia, alimentação, insulina. Os recursos finitos deste mundo – naturais, a terra, o tempo das pessoas – são todos geridos através de um sistema, e este sistema está atualmente sobreindexado no sentido de incentivar as empresas a procurarem o lucro à custa do bem-estar social.

É claro que nenhum dos atores individuais no ecossistema é culpado por isso. Ninguém na indústria da tecnologia é diretamente responsável por seu papel no desvio de recursos de causas socialmente mais valiosas. O sistema é maior do que eles e, mesmo que tenham boas intenções, grande parte dele está fora de seu controle. O problema não são apenas os indivíduos que tomam decisões que acabam prejudicando outras pessoas; o problema é o sistema onde a má intenção não é necessária para causar danos.

Perante tudo isso, é tentador acreditar que a indústria ainda beneficia, em última análise, as massas. Um argumento comum nesse sentido é que os lucros dos investimentos de risco regressam aos fundos de pensões e às dotações universitárias, e, por isso, mesmo que algumas empresas pareçam ter um valor social duvidoso, pelo menos há algum benefício externo nas avaliações inflacionadas.

É uma linha de pensamento promissora, mas apenas até você analisar os números reais. Os sócios limitados das empresas de capital de risco não se restringem aos fundos de pensões e às dotações universitárias – outras fontes de fundos incluem as reservas de riqueza de famílias dinásticas (como os Walton ou os Koch), os fundos soberanos (muitas vezes baseados nas vendas de petróleo) e a reserva do dinheiro de empresas que minimizaram inteligentemente sua oneração fiscal.[92] E a lista de beneficiários da criação de riqueza apoiada por capital de risco inclui fundadores e primeiros funcionários, que poderão receber ganhos astronômicos inesperados, para não mencionar os sócios dessas empresas de investimento, que recebem uma parte dos lucros. A distribuição completa do destino do dinheiro normalmente não é pública, mas é enganador fingir que os *principais* beneficiários da bolha tecnológica são os fundos de pensões e as dotações universitárias. Confiar nesses dois é uma distração para desviar a atenção dos destinatários menos saborosos.

Em qualquer caso, nem as dotações nem as pensões podem ser consideradas um bem ousado. As dotações universitárias, em sua forma atual, existem em resposta a um cenário privatizado em que a educação é vista como uma mercadoria, e não como um bem público. As instituições com as maiores dotações tendem a ser locais de reprodução de privilégios, com custos de ensino excessivamente elevados, uma elevada proporção de admissões herdadas e uma divisão capitalista de salários através da qual administradores de alto escalão ganham milhões, mesmo quando professores, investigadores e pessoal de serviço são

---

92 Kupor, Scott. *Secrets of Sand Hill Road: Venture Capital and How to Get It*. Nova York: Portfolio, 2019. O livro apresenta uma boa análise disso, embora acrítica.

subvalorizados e impedidos de se sindicalizar;[93] entretanto, as universidades que atendem principalmente estudantes de baixa renda têm poucos recursos e pouca posição cultural. O sistema atual se otimiza em função da classificação dos indivíduos em uma sociedade hierárquica, e não em função da equidade ou do bem social; se quiséssemos a última opção, as escolas seriam financiadas coletivamente através de impostos progressivos, em vez de serem deixadas à própria sorte.

Os méritos do atual sistema de pensões também são questionáveis. Nos Estados Unidos, em particular, os fundos de pensões estão vinculados ao trabalho e os benefícios estão indexados às contribuições, tornando-os essencialmente uma recompensa por ter trabalhado em determinados empregos. Essa não é a única forma de garantir que as pessoas possam se aposentar; mais países social-democratas tratam as pensões e aposentadorias como um bem coletivo, financiado novamente através de impostos progressivos em vez de individualizados e sujeitos aos caprichos de vários investidores que pagaram excessivamente. As pensões podem ser vistas como um pequeno componente do contrato social, parte da vida em uma sociedade na qual cuidamos de outras pessoas. Em qualquer caso, o papel secundário desempenhado pelos fundos de pensões no capital de risco não compensa os danos causados pelas empresas apoiadas por capital de risco. Se as aposentadorias de alguns

[93] As duas universidades estadunidenses com as maiores doações são Harvard e Yale. Yale, em particular, tem forte exposição ao capital de risco por meio de seu fundo, e o gestor do fundo, David Swensen, foi o funcionário mais bem pago da universidade, com um salário de 4,7 milhões de dólares em 2017. Para um relato em primeira pessoa das tentativas da Universidade de Yale de prevenir estudantes de pós-graduação de se sindicalizarem, ver: Battistoni, Alyssa. "Spadework". *n+1*, primavera 2019. Disponível em: https://nplusonemag.com/issue-34/politics/spadework/.

trabalhadores estão atualmente ligadas ao crescimento contínuo de uma empresa exploradora cujas práticas laborais põem em perigo outros trabalhadores, então esse emaranhado é um problema em si, e o sistema precisa ser redesenhado sem tais incentivos perversos.

Resumindo: tanto o sistema de pensões financeirizado como o sistema de dotações universitárias privadas são subótimos. São, na melhor das hipóteses, ótimos locais da função de aptidão capitalista e ambos precisam ser radicalmente reformados. Se forem a principal justificativa para a continuação da existência do capital de risco, então a utilidade do capital de risco parece limitada, apenas adequada para um ambiente abaixo da média, em que o dinheiro é despejado indiscriminadamente em empresas privadas, sob o pressuposto de que o mercado resolverá o problema.

E que garantias temos de que o mercado os otimizará para os fins certos? A lógica do mercado é encorajar o interesse próprio na crença de que a mão invisível consertará tudo, com base no fato de a atividade econômica ser um bem em si. Mas as medidas que utilizamos para a saúde da economia – crescimento do PIB, taxas de desemprego, capitalizações da Bolsa de Valores – não estão impregnadas de valores éticos, e está ficando cada vez mais claro que são um indicador fraco para acompanhar o bem-estar social.

A Purdue Pharma ganha bilhões com a venda de medicamentos que alimentaram a crise dos opiáceos nos Estados Unidos?[94] Isso é inteiramente razoável pela lógica do mercado. Fabricantes de roupas e produtores de alimentos destruindo o

---

[94] Ver, por exemplo: Lopez, German. "Purdue Pharma, Maker of OxyContin, Files for Bankruptcy". *Vox*, 16 set. 2019. Disponível em: https://www.vox.com/policy-and-politics/2019/9/16/20868487/purdue-pharma-oxycontin-bankruptcy-opioid-epidemic.

excesso de bens para preservar a escassez necessária a fim de manter os preços elevados? Sim, eles precisam proteger o valor de sua marca. Empregadores que pagam baixos salários e sujeitam seus trabalhadores a stress e lesões desnecessárias, a fim de reforçar os lucros das empresas?[95] Isso pode, na verdade, ser bom para a economia – há todo um grupo de empresas com mercadorias para aliviar seu tédio, empréstimos consignados para financiar sua pobreza, cuidados de saúde com fins lucrativos para tratar suas feridas. Quando tudo é uma mercadoria, até o sofrimento humano pode ser uma vantagem econômica.

Os danos ecológicos também não são necessariamente um problema sob a lógica do mercado. O que mais se pode concluir quando as empresas de combustíveis fósseis são avaliadas sob a suposição de que suas reservas serão totalmente esgotadas, mesmo que isso cause danos físicos incalculáveis ao mundo natural? E o que dizer dos danos ecológicos do comércio globalizado, que prospera com base no desequilíbrio de poder entre as empresas multinacionais e as populações locais em áreas ricas em recursos e com baixos salários, a fim de transportar e depois vender mercadorias com margem de lucro em mercados ricos?

O raciocínio por trás da lógica do mercado parece ser que, se as pessoas pagam por um produto, então o produto é bom. Isso é, na melhor das hipóteses, míope; no máximo, significa que ele é útil em nosso atual ambiente. É claro que os clientes pagarão por viagens compartilhadas subsidiadas por capital de risco em cidades com transporte público subfinanciado; é claro que as pessoas recorrerão a aplicativos de empréstimo consignado enquanto seu chefe não lhes paga o suficiente para sobreviver. O sucesso osten-

---

[95] Ver, por exemplo: Guendelsberger, Emily. *On the Clock: What Low-Wage Work Did to Me and How It Drives America Insane*. Nova York: Little, Brown and Co., 2019.

sivo da iniciativa privada não implica que a iniciativa privada seja a melhor forma de resolver os problemas subjacentes.

Porque aqui está outro modo de entender o lucro: como um indicador de ineficiência, um sinal de que algo correu mal nos fatores que moldam um determinado mercado. Algum nível de lucro pode ser aceitável nas fases iniciais, ou quando necessário para a expansão, mas se uma empresa atingiu níveis de bilhões de dólares e ainda está recorrendo a novas fronteiras para manter as margens de lucro, isso é um problema.[96] Nessa fase, o lucro deveria ser atribuído a alguma combinação dessas possibilidades desagradáveis: trabalhadores mal pagos; consumidores sendo espoliados; externalidades ambientais ou sociais sendo ignoradas; ou monopolização da propriedade intelectual.

O lucro deve ser tratado como um sinal de que o sistema precisa de correção. Quando surge, deve ser redirecionado para os trabalhadores, reinvestido em melhores serviços ou, em última instância, tributado, a fim de direcioná-lo para canais mais socialmente úteis e democraticamente escolhidos. Não deveria ser a força central que impulsiona nossa economia. Certamente não deveria ser comemorado como um fim em si mesmo.

Há uma piada que vem do domínio do suporte técnico ao cliente, envolvendo um código de erro inventado chamado PEETEC: problema existente entre teclado e cadeira. Um eufemismo para "o usuário está fazendo errado". Qualquer pessoa que já tenha visto alguém ter dificuldade para usar um sistema que projetou

---

[96] Para comentários sobre a expansão corporativa na era do capitalismo digital, ver: Sadowski, Jathan. "Landlord 2.0: Tech's New Rentier Capitalism". *OneZero*, 4 abr. 2019. Disponível em: https://onezero.medium.com/landlord-2-0-techs-new-rentier-capitalism-a0bfe491b463.

conhece a sensação. *O usuário não deveria fazer isso!* Ou então, *mas funciona em minha máquina!* Seu instinto é defender suas escolhas de design; é o usuário, não o sistema, o culpado.

É claro que há sempre uma explicação alternativa: às vezes o sistema está errado. Talvez as suposições do designer estivessem erradas ou talvez a situação tenha mudado; de qualquer forma, o sistema não está servindo as pessoas que deveria servir, e isso é um problema.

As discussões sobre nosso atual clima econômico tendem a evocar uma resposta do tipo PEETEC por parte dos apologistas do capitalismo. Quaisquer problemas relatados, mesmo quando reconhecidos como tal, são claramente erros do usuário. Millennials se afogando em um oceano de dívidas estudantis? Trabalhadores recebendo salários insuficientes e forçados a trabalhar em condições extenuantes? Pessoas sendo expulsas de suas cidades natais? É evidente que todas essas pessoas estão apenas praticando o capitalismo de forma errada. Elas deveriam ter se esforçado mais, parado de comprar cafés do Starbucks, aprendido a programar.

É um impulso compreensível. Se a economia está funcionando para você, é reconfortante acreditar que seu sucesso veio de sua excelência dentro de um sistema razoável. Seu sucesso é merecido porque você trabalhou muito para isso e, na verdade, você o merece mais, justamente por todas as dificuldades que enfrentou. Aqueles que são incapazes de superar essas barreiras são os únicos culpados e também merecem o que recebem. Essa é a ideologia natural gerada por qualquer sistema hierárquico: quem está no topo é sempre levado a acreditar que o sistema é justo e que está no topo porque o merece. Afinal de contas, todo o sistema é concebido para garantir sua adesão e para silenciar as vozes daqueles que não estão no topo.

Mas e se o sistema não for justo? Quais são os problemas que não se devem apenas às falhas pessoais de alguns indivíduos errantes, porque a própria concepção do sistema impede que um grande número de pessoas tenha sucesso em seus termos? E se o sistema forçar aqueles que estão na base da pirâmide econômica a saltar através de obstáculos cruéis até mesmo pelo mais ínfimo sussurro de sucesso, fazendo-os eliminar qualquer vestígio de alegria excessiva de suas vidas até se tornarem o trabalhador eficiente ideal?

Enquanto isso, os que estão no topo recebem luxos e segundas chances. Para aqueles que atendem à definição de mérito do Vale do Silício, não faltam oportunidades para falhar continuamente enquanto ascendem. Sua empresa pode perder milhões de dólares, você pode ser demitido por criar um ambiente de trabalho tóxico e pode até mesmo levar sua empresa à falência, mas ainda tem direito à renda básica do Vale do Silício – ou seja, mais dinheiro do que qualquer um precisaria para gastar durante toda a vida. Aqui está seu paraquedas dourado de um pacote de indenização e aqui está um cheque em branco para seu próximo empreendimento. Ninguém virá desocupar sua cobertura no Four Seasons.

O resultado é uma enorme disparidade entre as oportunidades de vida. Alguns são mimados e têm inúmeras chances de atingir seu potencial; outros são submetidos a testes e sujeitos a um constante estado de desespero, nunca tendo a oportunidade de realizar seu potencial porque a sociedade já decidiu que não vale a pena. Quaisquer que sejam os resultados positivos que este sistema pretende produzir, só podem ser avaliados em relação a seus efeitos corrosivos no tecido social.

E, no entanto, mesmo em meio a uma reação contra a indústria de tecnologia, algumas das pessoas mais poderosas do setor ainda parecem acreditar que são os mocinhos. Perplexos com a súbita onda de ceticismo, inventam inúmeras razões para ignorar as críticas, que consideram injustificadas e equivocadas. Os críticos estão com inveja porque não estão no topo. Eles estão escrevendo *clickbaits* para vender jornais.

Há uma narrativa inebriante aqui que parece se encaixar no arco de algumas das pessoas que eu costumava idolatrar – aquelas cuja escrita me viciou em tecnologia em primeiro lugar. É a velha história do oprimido, e é mais ou menos assim. Começaram do nada, mas persistiram apesar das dificuldades, estudando, esforçando-se e inovando até alcançarem o sucesso no sistema tal como o entendem. E é um tipo de sucesso *merecido*, do tipo pelo qual eles não deveriam ter que se desculpar. Então, o que dá às pessoas o direito de criticá-las agora? Não fizeram tudo certo, seguindo o caminho ascendente que deveriam seguir?

Na cabeça deles, eles ainda são os coitadinhos. Eles são os protagonistas da história. Ser o mocinho, tornar o mundo um lugar melhor, merecer seu sucesso – todas essas ideias são cruciais para sua autoimagem e, portanto, qualquer tentativa de questionar a justiça ou a eficiência do sistema parece um ataque pessoal. Eles estão garantindo o futuro da humanidade e não entendem por que as pessoas simplesmente não calam a boca e os deixam fazer isso. Os críticos devem ser motivados por maldade ou ignorância.

Eles não querem considerar a possibilidade de os críticos entenderem exatamente o que estão fazendo e apenas saberem que isso não será do interesse de todos. Eles não querem reconhecer a miopia que advém de sua posição de classe, o que os torna narradores pouco confiáveis da eficácia do sistema ou da utilidade de seu próprio papel dentro dele. Certamente não querem admitir que sua ideia de tornar o mundo um lugar melhor realmente significa *melhor para eles*.[97]

---

[97] Existe um conceito chamado "projeção de elite" que resume

O que isso quer dizer é que aqueles que conseguiram acumular recursos no sistema atual não são necessariamente os melhores para tomar decisões sobre onde os alocar. Por mais que gostem de acreditar no contrário, sua visão está turva por seu próprio interesse. Tomando emprestada uma afirmação que um bilionário da tecnologia utilizou em um contexto diferente: quando os luminares da tecnologia defendem sua indústria, devemos levá-los a sério, mas não literalmente. Suas declarações são tentativas de construir sua própria verdade – propaganda, em outras palavras. E deveríamos ter dúvidas quando nos dizem que estão proporcionando valor, ou liquidez, ou eficiência, tal como deveríamos ter da propaganda que o poder sempre gera em um esforço para justificar sua posição.

O que há de peculiar nas elites do Vale do Silício é que elas gostam de pensar que são diferentes das outras. O poder e a riqueza que acumularam não são suficientes; o que eles realmente querem é ser amados. Eles se consideram dignos de elogios e ficam chateados quando seus críticos tentam responsabilizá-los por coisas pelas quais eles acham que não deveriam ser responsáveis. É típico, eles zombam entre si, que a mídia trate cada startup com ceticismo ou adoração antes de destruí-la assim que ela crescer. Que hipócritas.

Mas um foco mais brilhante é uma função do crescimento. Quanto mais riqueza e poder uma startup tiver, mais pessoas passarão a depender dela; não se deveria esperar simplesmente abdicar da responsabilidade pelos clientes, trabalhadores ou comunidades quando for conveniente. Nem seria razoável es-

---

perfeitamente esse fenômeno. O consultor de transporte público Jarrett Walker explica isso em uma postagem de blogue chamada: "The Dangers of Elite Projection". *Human Transit*, 31 jul. 2017. Disponível em: https://humantransit.org/2017/07/the-dangers-of-elite-projection.html.

perar que todos os outros cedessem humildemente a seu direito de governar. Sem críticas, como o sistema poderia ser responsabilizado? Deveriam os poderosos ser os únicos árbitros da validade de seu poder?

Afinal, há uma razão simples pela qual as pessoas tendem a torcer pelos azarões. Ser um azarão é mais do que simplesmente uma identidade pessoal – é uma relação de poder.

Quando uma startup é jovem, às vezes ela realmente começa como uma azarã, competindo com uma corporação ou indústria ossificada que precisa urgentemente de disrupção. Às vezes, as startups contêm a semente de uma alternativa melhor. O problema é quando essas azarãs começam a crescer. Podem ter começado sua jornada com uma crítica aos poderosos, mas é uma crítica essencialmente estática que omite uma explicação da razão *pela qual* essas empresas poderosas se tornaram como são. O *establishment* – os bancos, as redes de hotéis, as empresas de táxi – são os bandidos, e os fundadores desconexos são os mocinhos, e assim será para sempre.

Há algo de trágico na combinação de arrogância, ambição e ingenuidade daqueles que se propõem a construir alternativas ao que consideram a corrupção do velho mundo, apenas para manifestar os mesmos problemas no devido tempo. Mesmo quando chutam os titulares, e mesmo quando se tornam aqueles que adotam práticas anticonsumo[98] e fazem lobby junto aos governos para ganharem tratamento preferencial[99] – os disrup-

---

[98] Ver, por exemplo, a introdução pela Uber de sua opaca "taxa de viagens seguras" em cada viagem, que trouxe quase meio bilhão de dólares de receita extra para a empresa, que nunca foi especificamente conhecida por suas medidas de segurança, como Mike Isaac relata no seu livro *A guerra pela Uber* (Trad. Alexandre Raposo, Bruno Casotti e Leonardo Alves. Rio de Janeiro: Intrínseca, 2020).

[99] Ver, por exemplo: Kang, Cecilia; Vogel, Kenneth P. "Tech Giants Amass a Lobbying Army for an Epic Washington Battle". *The New*

tores tecnológicos mantêm teimosamente sua identidade como oprimidos perpétuos, o que significa que tudo é justificado em sua busca para construir poder. Eles não percebem que seu mito fundador de perturbar os poderosos não se aplica mais quando eles próprios se tornam os poderosos.

Durante muito tempo, agarrei-me à ideia de que o Vale do Silício era moralmente melhor que Wall Street. Mesmo quando meu otimismo tecnológico começou a ruir e as duas indústrias se tornaram mais interdependentes, eu ainda acreditava firmemente que eram qualitativamente diferentes. Pelo menos o Vale do Silício *tentou* ser uma meritocracia, ao contrário da antiga rede de Wall Street. Pelo menos o Vale do Silício *tentou* fazer o bem no mundo, ao contrário dos banqueiros que eram motivados pela ganância. É engraçado, então, descobrir que as pessoas em Wall Street dizem sobre sua indústria coisas estranhamente semelhantes às que os apologistas do Vale do Silício dizem sobre a sua.

O livro de Karen Ho, *Liquidated: An Ethnography of Wall Street* [Liquidado: uma etnografia de Wall Street] – publicado logo após o início da crise financeira de 2008 –, é um maravilhoso estudo de caso sobre os mitos que as pessoas contam a si mesmas para justificar o que fazem. Alguns em Wall Street diriam que se trata, sim, de uma meritocracia, pois ninguém se importa com sua raça, seu gênero ou seu sobrenome, desde que seja inteligente e esteja disposto a trabalhar duro. E alguns diriam que mesmo que as pessoas em Wall Street consigam ganhar muito dinheiro – e, sim, sejam por vezes movidas pela ganância –, a indústria como um todo traz um resultado líquido

---

York Times, 5 jun. 2019. Disponível em: https://www.nytimes.com/2019/06/05/us/politics/amazon-apple-facebook-google-lobbying.html.

positivo, porque fornece liquidez e disciplina econômica ao resto do mundo. Claro, às vezes há consequências infelizes, como demissões em mass depois de uma empresa ter sido adquirida por fundos de investimento e despojada de ativos, mas isso é apenas o custo da eficiência. E, de qualquer forma, olhe para todas essas pessoas inteligentes com diplomas de prestígio repetindo a importância de maximizar o valor para os acionistas – elas não podem estar todas erradas.

Na sequência da crise financeira, a desilusão com Wall Street espalhou-se rapidamente. Tornou-se claro que toda a retórica sobre o impacto positivo de Wall Street no mundo era mais propaganda do que fatos, e as pessoas deixaram de acreditar na história que Wall Street contava sobre si mesma. Não podíamos contar com essas mesmas instituições para nos tirar daquela confusão – elas estavam completamente empenhadas no sistema atual.

Agora, acho que as pessoas estão começando a sentir o mesmo em relação ao Vale do Silício.

O problema com a indústria tecnológica – e a razão pela qual sua ascensão tem sido tão benéfica para Wall Street, mesmo quando empresas individuais afirmam estar perturbando os bancos – é que ela faz parte do mesmo sistema que deu origem a Wall Street. Os operadores financeiros históricos às vezes podem ser perturbados, mas o Vale do Silício não está perturbando o poder das finanças como um todo: não está desafiando a financeirização,[100] muito menos reduzindo o poder que o capital detém sobre nossas vidas. Em vez de descentralizar o poder de uma forma significativa, o Vale do Silício pretende destronar os poderosos para ocupar seu lugar.

---

[100] Para uma visão geral da história da financeirização, ver: Blakeley, Grace. *Stolen: How to Save the World from Financialisation*. Londres: Repeater, 2019.

E esse não é um problema que possa ser resolvido simplesmente tendo mais adultos na sala. O problema não é que a indústria seja dirigida por nerds não supervisionados que tomam decisões erradas impunemente; o problema é que qualquer supervisão possível só existe dentro de uma faixa estreita de possibilidades. O problema está na estrutura em que o poder de decisão cabe a um grupo tão pequeno de pessoas, com uma janela tão pequena para a responsabilização. O capitalismo, como sempre, não resolverá os problemas, porque o mecanismo de feedback interno é inadequado por definição – aqueles que são mal servidos pelo sistema são desprovidos de sua capacidade de contestação política. A única saída é algum tipo de ruptura, uma ruptura do *status quo*.

Uma maneira de ver o estágio atual de nosso sistema econômico é considerar que ele está na adolescência. O capitalismo pode ter tido uma melhoria em relação a seu antecessor, mas isso não significa que precisamos mantê-lo para sempre. Afinal, nenhum modo de produção existe no vácuo; um bom sistema é projetado para atender às necessidades do mundo em que existe. Às vezes as coisas mudam e é preciso ajustar as regras para se adequarem às necessidades materiais da conjuntura atual. A adolescência é uma fase necessária, mas eventualmente é preciso crescer.

Eis o que temos agora: um mundo natural em rápida decadência, onde a exploração desenfreada dos recursos está no caminho certo para destruir os ecossistemas que nos sustentam, e uma ordem social quebrada, em que alguns têm mais recursos do que poderiam utilizar durante toda a vida, enquanto outros têm quase nada. E, no entanto, nosso modo de produção tolera tudo isso porque sua prioridade é encorajar as empresas a fazerem o que quiserem, desde que continuem a ser lucrativas. As coisas chegaram ao ponto em que o foco de nosso sistema econômico parece cada vez mais desalinhado com as necessidades sociais – os aspectos positivos estão obtendo retornos decrescentes e os negativos estão se acumulando. Talvez seja hora de mudar nossas prioridades e passar para algo novo.

É 2019 e agora moro em São Francisco. Houve um tempo em que eu só queria me mudar para cá como parte da crescente onda de profissionais de tecnologia. Agora, porém, não tenho inclinação para trabalhar na indústria de tecnologia; em vez disso, estou escrevendo um livro pedindo – de certa forma apenas como brincadeira – sua abolição.

É estranho estar aqui novamente depois de minha transformação pessoal que me induziu a uma virada de 180°. Não vejo mais as coisas da mesma maneira e não quero as coisas que costumava querer. Passo pelos escritórios de empresas de capital de risco, onde antes poderia ter respondido com reverência, e agora só sinto nojo. Os constantes outdoors de startups de casas de câmbio de criptomoedas ou aplicativos de entrega de maconha são repugnantes. Parques e centros de trânsito que de outra forma seriam perfeitamente adoráveis estão estampados com logotipos de gigantes da tecnologia, servindo como lembretes constantes de um sistema que dá prioridade à ganância corporativa em detrimento do bem público. E, acima de tudo, é exasperador que tudo isso esteja repleto de lampejos de pobreza impressionante.

Abundam os rumores de outra recessão. Aconteça o que acontecer, provavelmente atingirá mais duramente as gerações mais jovens; um artigo da *Atlantic* relata que a próxima recessão destruirá a geração Millennial.[101] Mas essa dor não será partilhada igualmente – alguns deles terão melhores resultados do

---

[101] Ver: Lowrey, Annie. "The Next Recession Will Destroy Millennials". *The Atlantic*, 26 ago. 2019. Disponível em: https://www.theatlantic.com/ideas/archive/2019/08/millennials-are-screwed-recession/596728/.

que outros. O artigo cita um relatório do Credit Suisse sobre a natureza da distribuição global da riqueza, que reconhece que os Millennials estão financeiramente menos favorecidos do que seus pais em geral, mas sugere que uma pequena proporção deles poderia superar sua desvantagem geracional. Esses vencedores são descritos como "grandes empreendedores e aqueles em setores de alta demanda, como tecnologia ou finanças".

Quando a enchente sobe, a ponte levadiça sobe, fazendo todos fora do castelo se afogarem. Quando o Credit Suisse fala sobre aqueles que trabalham em setores de alta procura, o mundo inteiro sabe que não é sobre *todos* os que trabalham nesses setores – é um eufemismo que aceitamos. Sabemos quem realmente se beneficia do dinheiro nos setores em expansão; sabemos que todos os setores têm uma divisão entre os empregos bem remunerados que vão isolá-lo da insegurança econômica e os empregos mal remunerados que nunca o levarão para dentro do castelo.

Certa tarde, compartilhei um carro da Lyft Line[102] com um passageiro que estava a caminho do armazém de uma empresa menos conhecida da *gig economy*, onde trabalha como contratado independente. Ele explicou que foi chamado para seu turno de última hora e que estava pegando um carro da Lyft porque o transporte público não o levaria até lá a tempo. Ao cruzarmos a Ponte São Francisco, com a luz do sol brilhando nos cabos de suspensão inclinados, o passageiro ficou poético sobre o quanto ama seu trabalho. Eles oferecem jantar antes do turno da noite! O salário está acima do salário-mínimo! Uma vez ele se machucou no trabalho e foi pago pelo dia inteiro, embora tenha saído mais cedo! Ele parece genuinamente entusiasmado com seu empregador. Nosso motorista pareceu intrigado e pediu detalhes.

---

[102] É um sistema de caronas que conecta os passageiros que vão para os mesmos lugares ou lugares próximos no meio do caminho.

Penso na monstruosidade de uma sociedade em que é aceito que a maioria das empresas faça o mínimo por seus trabalhadores, e é considerado uma surpresa agradável quando fazem um pouco mais. Penso nos trabalhadores que foram mortos no trabalho, cujas famílias aparentemente não ganharam nada da empresa que lucrou com seu trabalho. E penso nos acionistas dessas empresas – fundadores, investidores, primeiros funcionários – que lucrarão massivamente quando sua empresa for adquirida ou abrir o capital.

À medida que a indústria da tecnologia cresce, aumenta também a crise imobiliária na Bay Area. As casas não estão sendo construídas com a rapidez suficiente para contrariar o aumento da procura por parte de compradores e potenciais proprietários que buscam um investimento seguro; em 2019, o preço médio das casas em São Francisco era de 1,3 milhão de dólares para condomínios e de 1,7 milhão de dólares para casas unifamiliares.[103] Ao mesmo tempo, a cidade conta entre 8 mil e 10 mil residentes sem-teto, dependendo de como se define o termo; a Bay Area como um todo conta com mais de 20 mil.[104] Não há números sobre quantas pessoas teriam preferido ficar aqui mas tiveram que cair fora por causa dos preços.

Isso é o que acontece quando o capital global, canalizado para uma indústria local, encontra um cenário de política habitacional que é simultaneamente pró-desenvolvimento e antidesenvolvimento. Em uma cidade onde o aluguel médio de um aparta-

---

[103] Conforme relatado pela imobiliária Compass para o terceiro trimestre de 2019. Ver: https://www.bayareamarketreports.com/trend/san-francisco-home-prices-market-trends-news.

[104] Ver, por exemplo: Brinklow, Adam. "SF's Homeless Count Reaches More Than 9,700". *Curbed*, 8 jul. 2019. Disponível em: https://sf.curbed.com/2019/7/8/20686653/san-francisco-sf-homeless-count-number-population-2019.

mento de um quarto custa mais de 3 mil dólares por mês, e as novas construções tendem a ser edifícios de luxo comercializados para pessoas com mobilidade ascendente, a maioria das unidades que estão sendo construídas está completamente fora do alcance de qualquer pessoa sem dinheiro de família ou sucesso anterior em startups. Embora os empreiteiros sejam obrigados a reservar certa porcentagem de novas unidades como habitação a preços acessíveis – normalmente cerca de 20%, dispensáveis mediante o pagamento de uma pequena taxa –, o que é considerado "acessível" em São Francisco é um pouco irreal.[105] Uma família de quatro pessoas que deseja se qualificar para o programa deve ter uma renda média inferior a 118.500 dólares e também deve ter economizado o suficiente para pagar a entrada de uma casa de várias centenas de milhares de dólares. E mesmo com essas restrições, não há casas suficientes para satisfazer a procura – em 2017, houve 85 mil pedidos para apenas 1.210 unidades.

A maioria dos debates sobre habitação aqui oscila entre dois polos, NIMBYismo e YIMBYismo.[106] A suposição dominante é que ou você é um pró-empreiteiro YIMBY ou é egoísta e não quer que novas casas sejam construídas. O argumento pró-empreiteiro é mais ou menos assim: se for permitido aos empreiteiros construírem novas unidades suficientes para satisfazer a procura, então a oferta e a procura vão igualar-se e os preços se estabilizarão; eventualmente, a crise imobiliária se resolverá sozinha. Enquanto isso, é triste que as pessoas sejam obrigadas a abandonar suas

---

105 Para mais detalhes sobre o programa de habitação a preços acessíveis de São Francisco, ver: Roberts, Chris. "A Guide to Below-Market-Rate Housing in San Francisco". *Curbed*, 8 out. 2018. Disponível em: https://sf.curbed.com/2018/10/8/17902408/guide-bmr-affordable-housing-lottery-san-francisco.

106 NIMBY é uma expressão em inglês que significa "Not In My Backyard" [Não no meu quintal], e YIMBY significa "Yes In My Backyard" [Sim no meu quintal]. (N.T.)

casas, mas a melhor forma de resolver a situação é permitir que o mercado faça o que faz de melhor.

Mas o que o mercado é realmente bom em otimizar? Dado o atual excesso de capital global, a tarefa mais premente do mercado é encontrar novas oportunidades de investimento. Do ponto de vista do mercado, a habitação é principalmente um ativo e apenas secundariamente um lugar para viver – o valor de troca tem prioridade sobre o valor de uso.[107] Comprar uma casa é considerado um veículo de investimento incontroverso: alugue para pagar a hipoteca, em seguida, venda ou alugue o imóvel para colher essa valorização quando precisar de liquidez novamente. Quanto mais precários e sobrevalorizados forem seus bens, mais líquido e lucrativo será seu ativo. O capital não derrama lágrimas quando as pessoas ficam sem teto ou empobrecidas no processo de tentar manter sua casa.

Não é de se admirar que a população sem-teto continue crescendo aqui, tal como acontece em outras cidades onde o status da habitação como um ativo atrai riqueza global à procura de um lugar seguro para estacionar.[108] Afinal, a habitação não pode ser simultaneamente um ativo *e* um direito humano; salvaguardar o direito do capital a um retorno requer a capacidade de despejar pessoas se estas não cumprirem as exigências do capital por um dízimo de seu rendimento. O capitalismo governa através de uma mistura de incentivo e castigo, e São Francisco em particular – o epicentro do capitalismo descontrolado – é uma mistura sórdida de tentadoras recompensas e

---

[107] Para mais informações sobre a diferença entre o status da habitação como valor de troca *versus* valor de uso, ver: Madden, David; Marcuse, Peter. *In Defense of Housing*. Londres/Nova York: Verso, 2016.

[108] Ver, por exemplo: Minton, Anna. *Big Capital: Who Is London For?* Londres: Penguin, 2017.

punições severas. Existem muitas oportunidades para se tornar fabulosamente rico, e ser pobre é uma penalidade.

Mas nem tudo é ruim aqui. Caminhar pela cidade revela desafiadores enclaves de esperança que resistiram ao deslocamento, apesar de onda após onda do capital. Murais sobre solidariedade e resistência adornam as paredes do distrito de Mission, e a Coit Tower ainda tem seus murais da era do New Deal retratando a greve geral de 1934. Entre os escritórios de startups em SoMa e Mission estão os escritórios sindicais e as salas de contratação, uma lembrança de um capítulo diferente da história do trabalho. As escolas e as ruas levam os nomes de organizadores sindicais e ativistas sociais que lutam por um mundo diferente daquele em que cresceram. E sinais de apoio aos trabalhadores que se sindicalizaram em uma empresa cervejeira local estão surgindo nas janelas de aparentemente todos os bares da vizinhança.[109]

Por menores que essas sementes sejam, comparadas aos leviatãs da tecnologia com suas fontes de dinheiro, é um bom lembrete de que as coisas não têm de ser assim. Se você está desiludido, você não está sozinho. O tipo de capitalismo influenciado pela tecnologia do Vale do Silício é apenas o mais recente campo de batalha de uma longa guerra; outros estão fazendo o que podem para reagir, e já fazem isso há muito tempo.

Maio de 2019. Há um protesto em frente à sede da Uber em São Francisco. A ocasião imediata é o próximo IPO da Uber, que

[109] Para uma cobertura dos esforços de sindicalização da Anchor Brewing Co., ver, por exemplo: Leitsinger, Miranda. "The Brewers Who Make Iconic Anchor Steam Beer in S.F. Join Union". *KQED News*, 13 mar. 2019. Disponível em: https://www.kqed.org/news/11732763/the-brewers-who-make-iconic-anchor-steam-beer-in-s-f-join-union.

deverá levar a empresa a uma avaliação de quase 100 bilhões de dólares. Se chegar a esse ponto, Travis Kalanick – cofundador e ex-CEO que deixou a empresa após uma onda de escândalos em 2017 – cunhará vários bilhões de dólares. Garrett Camp, o cofundador menos conhecido da empresa, que não trabalha para a companhia há anos, também será bilionário. Os primeiros investidores recuperarão várias vezes seus investimentos iniciais; os executivos ganharão muitos milhões; funcionários de nível inferior podem se tornar milionários, dependendo de quanto tempo ingressaram e do quanto a empresa considera que seu trabalho vale.

De acordo com o formulário S-1 apresentado, para fins de IPO, a empresa tem mais de 20 mil funcionários em tempo integral e quase quatro milhões de motoristas ativos. Do dinheiro arrecadado com o IPO, apenas 3% é reservado para motoristas – significativamente menos do que o montante reservado para o antigo CEO da empresa. E, no entanto, esses motoristas têm dedicado suas horas acordados à criação da riqueza dessa empresa, com salários que não podem negociar e que, em sua maioria, parecem estar diminuindo; eles não têm seguro de saúde fornecidos pelo empregador, reembolso de despesas, almoço em bufê ou mesmo pausas para ir ao banheiro. E apenas cerca de um quarto da base de motoristas ativos será elegível para qualquer recompensa do IPO.

Esse protesto é nominalmente sobre a Uber, mas com certeza é mais do que isso. Há uma raiva reprimida aqui, sobre os direitos dos trabalhadores, sobre o fomento da desigualdade pela indústria da tecnologia, sobre o custo de vida nesta península absurdamente cara. Alguns dos cartazes do protesto mencionam o atual CEO da Uber, Dara Khosrowshahi: sua mansão de 17 milhões de dólares em Pacific Heights, seu salário anual de 43 milhões de dólares em 2018, os milhões que espera ganhar durante o IPO. Ao contrário da atitude comemorativa típica da indústria de tecnologia em relação à massiva riqueza de executivos e CEOs, a mensagem transmitida através dos dos cartazes e das palavras de ordem é que a distribuição desigual da riqueza não é legítima – que os pagamentos ridiculamente elevados aos acionistas ocorrem à custa dos condutores que moram em seus carros para se manter vivos.

Há alguns motoristas da Uber e da Lyft no protesto, mas muitos estão nas ruas, trabalhando; muitos dos carros com adesivos da Uber ou da Lyft buzinam em apoio enquanto passam. O contingente de verdadeiros condutores nesse protesto parece ofuscado por seus apoiadores: uma banda radical que aparece frequentemente em eventos como esse, uma variedade de ativistas e organizadores, políticos progressistas. Existem até alguns profissionais de tecnologia de colarinho-branco de outras empresas, alguns dos quais já conheci em outros eventos. Não parece que haja engenheiros da Uber aqui, mas isso é compreensível; protestar publicamente contra seu empregador não é uma boa ideia nesse setor. A única demonstração pública de apoio a esse protesto que vi por parte dos funcionários da Uber foi uma publicação anônima no *Medium* publicada algumas semanas antes.[110]

A cultura sufocante de sigilo e lealdade familiar dentro da indústria da tecnologia mascara problemas mais profundos de solidariedade entre os trabalhadores. Os funcionários da Uber podem hesitar em apoiar os motoristas por medo de represálias, mas não está claro quantos deles apoiam a luta dos motoristas. Por que, afinal, eles se identificariam com as pessoas que protestam contra sua empresa por causa da redução de seus salários? E em um clima político mais amplo onde os trabalhadores que pedem mais

---

110 Ver: "An Open Letter to Uber: We Need to Do Right By Our Drivers". *Medium*, 27 maio 2019. Disponível em: https://onezero.medium.com/an-open-letter-to-uber-we-need-to-do-right-by-our-drivers-81453fad41e1.

são vistos como mimados, e os "criadores de emprego" são vistos como infinitamente mais merecedores do que os trabalhadores que carregam os pianos, por que é que teriam alguma simpatia pelo pequeno número de condutores descontentes que lutam por algo tão irrelevante como os "direitos dos trabalhadores"?

E, no entanto, os funcionários da Uber podem ter mais em comum com os motoristas do que imaginam. Poucos meses após o protesto, a Uber anunciou uma rodada de demissões envolvendo aproximadamente quatrocentos funcionários de sua equipe de marketing global;[111] e em setembro demitiu mais quatrocentos funcionários, dessa vez de suas equipes de produto e engenharia.[112] Esses trabalhadores de colarinho-branco podem estar em melhor situação financeira do que o motorista médio de transporte compartilhado, e a maioria deles provavelmente encontrará novos empregos sem muita dificuldade, mas perder o emprego é perder o emprego, e pode ser especialmente difícil se você depender de seu empregador para seu seguro saúde ou para garantir seu visto. O fato de empresas como a Uber poderem despedir funcionários de tempo integral impunemente está relacionado com a capacidade que ela tem de angariar tanto dinheiro para uma aplicação cuja principal inovação é uma nova forma de explorar os trabalhadores. Em uma atmosfera onde o capital é poderoso e o trabalho é fraco, todos os trabalhadores são vulneráveis, mesmo que alguns sejam atualmente mais vulneráveis do que outros.

---

[111] Ver: Conger, Kate. "Uber Lays Off 400 as Profitability Doubts Linger After IPO". *The New York Times*, 29 jul. 2019. Disponível em: https://www.nytimes.com/2019/07/29/technology/uber-job-cuts.html.

[112] Ver: Dickey, Megan Rose. "Uber Lays Off 435 People Across Engineering and Product Teams". *TechCrunch*, 10 set. 2019. Disponível em: https://techcrunch.com/2019/09/10/uber-lays-off-435-people-across-engineering-and-product-teams/.

Algo que você percebe quando anda por São Francisco é que a cidade possui dois sistemas principais de compartilhamento de bicicletas. Um sistema consiste em bicicletas azuis ancoradas na lateral da rua e outro sistema sem estações, composto por bicicletas laranjas abandonadas a esmo na calçada. Se você não estivesse familiarizado com a adesão da cidade à privatização desenfreada, poderia presumir que ambos os sistemas de bicicletas compartilhadas pertenciam a uma autoridade de transporte público, sendo as bicicletas ancoradas o serviço principal, com as bicicletas sem ancoragem preenchendoas lacunas. Mas estamos em 2019 e no epicentro do tecnocapitalismo; as oportunidades de fornecer serviços úteis para o bem público são rapidamente aproveitadas pelas empresas de tecnologia em busca do lucro.

As bicicletas laranjas são propriedade da Jump, uma empresa de scooters e bicicletas elétricas fundada há uma década na cidade de Nova York e recentemente adquirida pela Uber por um valor não revelado. As azuis são propriedade de uma empresa chamada Motivate, que também administra bicicletas compartilhadas em diversas outras grandes cidades dos Estados Unidos, e que foi recentemente adquirida pela Lyft por supostos 250 milhões de dólares.[113] Ao que tudo indica, a Uber também estava de olho na empresa – ambas estão tentando dominar o espaço dos transportes –, mas acabou escolhendo a Jump, devido a preocupações com o poder das cidades para cancelar contratos e ao fato de alguns trabalhadores da Motivate serem sindicalizados.[114]

---

[113] Ver: O'Kane, Sean. "Lyft Buys the Biggest Bike-Sharing Company in the US". *The Verge*, 2 jul. 2018. Disponível em: https://www.theverge.com/2018/7/2/17526892/lyft-buys-motivate-bike-sharing-expansion.

[114] Ver: Salinas, Sara. "Uber Looked at Buying Bike-Sharing Firm Motivate Before Lyft – But Walked Away Over Contract and Union Issues". CNBC, 3 jul. 2018. Disponível em: https://www.cnbc.com/2018/07/03/uber-looked-at-motivate-before-lyft-contract-union-issues.html.

Para as empresas de tecnologia, as aquisições raramente são uma questão de comprar empresas de sucesso com base em sua relação preço/lucro; trata-se de sinergia, estratégia da empresa, seu caminho para a dominação. A Motivate pode ou não ter sido lucrativa, mas a razão pela qual uma empresa de dez anos com ativos mínimos e margens de lucro longe do universo da tecnologia conseguiu obter uma avaliação tão elevada é porque uma empresa diferente, que também não tem margens de lucro de empresas de software, convenceu os investidores de que a Motivate é adjacente à sua tecnologia e a viu como parte de seu caminho de expansão. Essa última empresa era profundamente não lucrativa, mas contava com a fé de vários investidores que acreditavam que a Lyft acabaria por deter poder de mercado suficiente para lucrar através de uma combinação de exploração de clientes e trabalhadores mal pagos.

O resultado dessa bizarra saga econômica mundial é que a Lyft agora é dona das bicicletas com as quais às vezes ando em São Francisco.

São Francisco não é a cidade mais segura para andar de bicicleta, mas as outras opções de transporte público são limitadas ou pouco confiáveis, por isso passo muito tempo me deslocando com as bicicletas azuis. De vez em quando encontro problemas com a atracação – às vezes as estações mais próximas de mim estão vazias, então tenho que caminhar; ou estou tentando atracar minha bicicleta, mas as vagas estão cheias, então tenho que fazer um desvio chato. Funcionários de vez em quando movimentam as bicicletas para minimizar a inconveniência dos passageiros, mas nunca é suficiente, e não sei se é porque eles têm falta de pessoal ou porque não têm os dados corretos.

Estou estranhamente fascinada pelo problema técnico de rotear bicicletas e penso em como resolveria isso se fosse meu trabalho. Você pode rastrear variáveis como o clima, o dia da semana, a hora do dia, a localização de eventos próximos. Você pode anonimizar e agregar os padrões de viagem típicos dos clientes existentes e inserir isso também no algoritmo. É uma coisa menor no grande esquema das coisas, mas alguns dias, quando estou circulando em um raio de cinco quarteirões procurando um lugar para atracar minha maldita bicicleta, fantasio em trabalhar em um problema como esse. Seria bom trabalhar em algo que resolvesse uma necessidade real – um problema técnico divertido que pudesse realmente melhorar a vida das pessoas. Um pedacinho de bem descomplicado neste mundo bagunçado.

Mas dado o estado atual das coisas, isso seria um refúgio. Não posso fazer isso de novo, não agora; todas as minhas análises me levam a acreditar que precisamos de uma mudança sistêmica. Posso trabalhar em algoritmos de roteamento de bicicletas acopladas após a revolução.

O que fazer enquanto isso? O aspecto complicado de tentar desafiar o sistema atual é que este é espantosamente bom em conter a oposição potencial. Há uma razão pela qual persiste apesar de toda a miséria que gera: ele é estruturado de tal forma que a maioria das tentativas de alterar o equilíbrio de poder é facilmente combatida.

O que isso significa é que as ações individuais para confrontar o domínio das empresas são limitadas em seu poder. Você pode boicotar o principal produto do Facebook, mas isso não vai impedi-los de gastar bilhões para adquirir outras plataformas sociais e depois fundir suas infraestruturas em antecipação à ação antitruste iminente. E também não vai desalojar seu papel fundamental no ecossistema da publicidade digital – eles já alavancaram seu caminho para uma posição poderosa, que se estende muito além do alcance de seu produto original.

Mesmo no local de trabalho, as ações individuais têm impacto limitado. Você pessoalmente se recusa a trabalhar para uma empresa que colabora com o ICE? Eles ainda poderão recrutar funcionários que não entendem as considerações morais ou que não se importam, e os produtos ainda serão construídos.

Isso não significa que não valha a pena realizar essas ações, é claro. Todo movimento tem que começar em algum lugar. Mas se seu objetivo é a mudança real, então essas ações não podem permanecer no nível individual – elas têm que ser coletivas. As mudanças no estilo de vida pessoal podem ser importantes, mas também é necessário que haja um movimento mais amplo que represente um desafio substancial para o sistema. E a maneira de chegar lá é através da organização – fazendo outras pessoas participarem de sua missão, a fim de estender o poder de suas ações para além do escopo de sua influência pessoal.

Nada disso será fácil. As estruturas globais determinam quais são os atos de resistência viáveis e algumas escolhas já estão praticamente feitas. Os boicotes podem ser altamente inconvenientes para os clientes; afinal, algumas empresas floresceram precisamente porque seria difícil *não* as utilizar. E a retenção do trabalho – através de greves, sabotagem ou demissão – pode ter mais probabilidade de prejudicar o trabalhador do que a empresa. Se vale a pena fazer isso depende da alavancagem, do risco e do nível de coordenação com outros.

O resultado é que não existem soluções fragmentadas. Mesmo as coisas que parecem ilhas promissoras dentro do oceano capitalista – como o movimento do software livre ou as cooperativas de plataformas – existem em uma escala minúscula em comparação com a indústria tecnológica privatizada. Em nosso mundo atual, não temos uma alternativa comparável; atualmente, alternativas completas só existem na imaginação e cada uma teria suas próprias desvantagens. Mas talvez seja hora de dar um salto de fé: sair das chamas de nossa base de código herdada em direção às possibilidades do desconhecido.

11. UM NOVO MODELO INDUSTRIAL

Precisamos estar prontos para um mundo com trilionários. E isso sempre parecerá profundamente injusto. Parece injusto para mim. Mas para impulsionar a sociedade é preciso deixar isso acontecer.

Sam Altman, presidente da Y Combinator, em uma citação para a *Business Insider* em 2016.[115]

Então, agora vamos à questão central que anima este livro. O que significa abolir o Vale do Silício? Como seria um sistema melhor para o desenvolvimento de tecnologia?

A minha posição parte do axioma de que precisamos de mais do que a mera diversidade geográfica, em que o modelo do Vale do Silício é duplicado na Rua do Silício, na Praia do Silício e no Cais do Silício. E também precisamos de mais do que algumas mudanças de pessoal. Mais diversidade geográfica e demográfica pode ser um começo, mas não é suficiente. O que precisamos fazer é recuperar o nosso mundo das mãos do capital.

Não tenho uma lista numerada de demandas concretas. Tudo o que tenho são esboços incompletos de como o mundo

[115] Ver: Weller, Chris. "A Silicon Valley Mogul Says a World With Trillionaires Is Inevitable – Here's How It'll Happen". *Business Insider*, 6 jul. 2016. Disponível em: https://www.businessinsider.com/sam-altman-world-with-trillionaires-is-inevitable-2016-6.

poderia ser, extraídos dos horrores do mundo que temos hoje. Alguns parecerão impossivelmente radicais, mas o objetivo de fazer uma exigência é colocar uma aposta no mundo – ancorar a imaginação. Ser capaz de imaginar alternativas utópicas pode abrir caminho para possibilidades mais moderadas que de outra forma pareceriam inatingíveis.

Nada disso aconteceria da noite para o dia; parte disso pode não acontecer em uma década. Este é um projeto longo que exige uma reestruturação radical das instituições existentes e da forma como nos relacionamos com o mundo como indivíduos. O caminho para a construção de um mundo melhor está sempre apenas parcialmente concluído; sempre haverá mais a percorrer, um horizonte que ainda nem se pode imaginar.

Abolir o Vale do Silício significa libertar o desenvolvimento da tecnologia de um sistema que sempre o relegará a um papel subordinado: o de consolidar as relações de poder existentes. Significa projetar um novo sistema que não seja inundado pela lógica do mercado. Significa libertar nosso mundo do reinado ilegítimo do capital.

Talvez isso pareça injusto para o capital; talvez pareça que não estou grata o suficiente por tudo o que ele nos deu. Mas não devemos nada ao capital. As coisas que atribuímos a ele foram construídas pelos trabalhadores: pessoas que trabalharam e por vezes morreram no processo, sem ter suas contribuições reconhecidas nem na morte nem em vida. Portanto, não agradeça ao capital – ele não merece nossa gratidão e, de qualquer forma, não precisa dela. Agradeça às pessoas que criaram tudo aquilo pelo qual o capital sempre leva crédito. O capital é um meio de contabilizar a propriedade da riqueza, não a sua criação, e isso significa que está perpetuamente envolto em uma mentira fundamental. É hora de deixar para trás o pântano do capital e recomeçar com algo novo.

1. Recuperar o empreendedorismo

Uma das características definidoras do Vale do Silício é o empreendedorismo de crescimento. O software geralmente está envolvido até certo ponto, principalmente porque ele é útil para ser escalado rapidamente, embora muitas empresas que associamos ao Vale do Silício hoje em dia vão muito além da venda de software. O processo normalmente é mais ou menos assim: algumas pessoas têm uma ideia, conseguem financiamento, desenvolvem-na e depois a ampliam. Há muitas variações nos detalhes, mas sempre há um traço comum de levantamento de dinheiro que deve gerar retorno. O retorno poderia ser alcançado através da aquisição por uma empresa maior, de preferência por mais dinheiro do que a avaliação mais recente; isso pode significar oferecer um IPO. De qualquer forma, o dinheiro está em empresas com potencial para retornos massivos.

De quem você recebe dinheiro determina a quem você serve. O dinheiro do investidor é um presente com condições. Você pode ter alguma margem de manobra na forma como administra seu negócio, mas no final do dia ainda é responsável perante seus investidores. Eles podem pedir que você adquira uma empresa em dificuldades que faz parte de um portfólio de investimentos ou tome decisões estratégicas sobre produtos com base no que é melhor para eles, e mesmo se você achar que o conselho deles é ruim para sua empresa ou para a sociedade, as necessidades deles prevalecerão. Afinal, o *dinheiro é deles*. Quem poderia argumentar contra isso?

Então vamos imaginar um novo modelo de empreendedorismo: empreendedorismo para fins não capitalistas. Em vez do empreendedorismo como uma iniciativa principalmente privada, responsável perante os acionistas privados, poderíamos ter o empreendedorismo como um serviço público. Seria impulsionado pelo objetivo de criar algo útil, e não pela perspectiva de riqueza inimaginável, e as recompensas seriam revertidas para os trabalhadores e para o público em uma divisão muito mais justa do que vemos agora. Os fundadores, executivos e investidores não deveriam se tornar bilionários - ou, Deus me livre, trilionários - enquanto os seus trabalhadores recebem quase nada. A recompensa pela construção de uma startup de sucesso deve ser o privilégio de construir uma startup de sucesso, em um ambiente econômico mais amplo, onde não é necessária uma riqueza enorme para garantir a estabilidade financeira.

Uma parte disso seria a criação de um fundo de investimento público cujo âmbito seja limitado a empreendimentos sem fins lucrativos. Isso seria semelhante ao que é tradicionalmente considerado "empreendedorismo social", com objetivos socialmente benéficos e sem pressão para obter lucro, mas nesse caso haveria amplo acesso ao financiamento. O governo poderia fornecer o capital inicial e assumir a participação majoritária, mas de outra forma sair do caminho das operações diárias - semelhante ao modo como a maioria dos investidores trabalha hoje em dia. As apresentações e as finanças seriam julgadas com base na praticidade e no valor social, em vez de no domínio do mercado ou na lucratividade, e a fraude ou a prevaricação seriam severamente responsabilizadas para dissuadir fraudes ao estilo Theranos. Esse fundo também poderia fornecer o capital necessário para as empresas existentes cujos trabalhadores gostariam de convertê-la em uma cooperativa de propriedade dos trabalhadores, ou noutra estrutura adequada que permitisse o controle da produção pelos trabalhadores, como no Plano Lucas de 1976.[116] Tal braço de investimentos seria uma forma de

[116] Em 1976, os trabalhadores da indústria de transformação Lucas Aerospace, no Reino Unido, apresentaram um plano para desviar a produção de suas fábricas dos contratos militares e direcioná-la

o governo assumir um papel mais ativo na condução da estratégia industrial, em vez de deixar tudo aos caprichos dos mercados privados.

Fazer isso corretamente exigiria mais do que simplesmente fazer o governo financiar algumas organizações sem fins lucrativos. O atual cenário de startups é definido pelas necessidades dos investidores que buscam retorno sobre seu capital, e isso afeta a cultura em toda a cadeia. Afinal de contas, poucos aspirantes a empreendedores considerariam essa variante de serviço público se as alternativas privadas fossem mais flexíveis e valessem a pena financeiramente. Para resolver essa situação, a indústria em geral precisa ser transformada até ficar irreconhecível, para que já não seja possível tornar-se fabulosamente rico através do empreendedorismo. O objetivo é mudar a cultura para que o empreendedorismo tecnológico se torne um empreendimento guiado pela ideia de serviço público, em que a tecnologia é ampliada em um ambiente sem fins lucrativos, livre de preocupações de fossos ou de dominação. Os esforços orientados para o lucro a fim de desenvolver tecnologia devem ser vistos como subótimos e convertidos em variantes públicas quando úteis e viáveis.

Em última análise, isso exigiria a erradicação dos papéis atualmente desempenhados pelas instituições que investem e governam em nome dos acionistas. As empresas de investimen-

---

para empreendimentos mais socialmente úteis, como equipamento médico e energia limpa, aumentando ao mesmo tempo o controle dos trabalhadores sobre a produção. Esse plano foi sugerido em um momento em que a empresa estava "se reestruturando" e procurava despedir trabalhadores em face da diminuição das receitas. Em última análise, o plano dos trabalhadores foi rejeitado pela administração, mas as propostas que apresentaram permanecem relevantes até hoje. Para obter mais detalhes, ver: Salisbury, Brian. "Story of the Lucas Plan". Disponível em: https://lucasplan.org.uk/story-of-the-lucas-plan/.

to existentes deveriam ser vistas como seguindo especificações herdadas e reaproveitadas ou substituídas por novas instituições com estatutos menos orientados para o lucro. Recuperar o empreendedorismo do capital significa eliminar a propriedade privada, pelo menos quando se trata de empresas maiores – uma empresa capaz de cunhar bilionários é demasiado grande para ser gerida em benefício de um pequeno número de acionistas. A propriedade privada concentrada das empresas está profundamente ligada a nosso cenário de forte desigualdade de riqueza, e para lidar com isso precisaremos de novos modos de propriedade empresarial: mais organizações sem fins lucrativos, ou propriedade distribuída entre agências públicas e trabalhadores, dependendo das circunstâncias. As empresas que necessitem angariar mais dinheiro para se expandir poderão emitir títulos ou recorrer ao financiamento público em vez dos mercados de ações.

Agora, os serviços governamentais tendem a ter certa má reputação quando se trata de tecnologia, especialmente nos Estados Unidos. Mas isso me parece um erro de atribuição – há um sem fim de exemplos de empresas privadas sendo ineficientes ou descuidadas; simplesmente não atribuímos suas falhas à empresa privada como um todo. A razão pela qual tem havido sucessos mais visíveis no setor privado é por conta do clima político mais amplo, em que a empresa privada recebe mais financiamento e espaço de manobra, enquanto muitos governos recorreram a medidas de redução de custos e de externalização como parte integrante da política neoliberal. Em qualquer caso, o financiamento governamental não significa necessariamente o governo tal como é agora, tal como existe em um sistema capitalista; deveríamos visar uma forma de governo mais democrática, realmente responsável perante as pessoas a quem aparentemente serve, e essa nova forma de empreendedorismo viria na sequência disso.

É claro que o financiamento público não é suficiente para garantir o sucesso. Se uma organização sem fins lucrativos tiver de competir com uma variante com melhor financiamento e com fins lucrativos, esta última terá mais probabilidades de vencer, desde que o campo esteja inclinado a favor do capital: poderia subsidiar custos para conquistar clientes; poderia pagar menos aos trabalhadores para poupar nos custos laborais; poderia acumular código ou dados; poderia despejar dinheiro em marketing para garantir o reconhecimento da marca. Serão necessários outros esforços para criar condições de concorrência equitativas, que vão desde o reforço das proteções laborais, obrigatoriedade de alguma forma de divulgação pública de dados e propriedade intelectual, garantia de que o fundo público assume uma participação em todas as empresas relevantes, até a proibição total de concorrentes lucrativos.

Essa nova forma de empreendedorismo provavelmente parece bastante estranha, até porque vai contra as manifestações mais proeminentes de empreendedorismo que vemos hoje – ou seja, os unicórnios do Vale do Silício. Mas isso é intencional. Nossa compreensão atual do empreendedorismo está profundamente saturada pela ganância capitalista sedenta de poder, levando ao controle antidemocrático da infraestrutura tecnológica que sustenta nossas vidas – para não mencionar a desigualdade econômica massivamente desperdiçadora. Quaisquer que sejam os méritos que o sistema existente de empreendedorismo privado possa ter tido, estamos agora ultrapassando seus limites, e é o momento de considerar algo novo.

2. Recuperar o trabalho

Para além do empreendedorismo, devemos repensar a próxima etapa: o trabalho. Neste momento, o capital tem um controle excessivo sobre muitos aspectos do trabalho, incluindo suas condições, a forma como é remunerado e como seus termos podem ser contestados.

Na indústria de tecnologia, surgiu uma ampla divisão na força de trabalho. De um lado estão os trabalhadores altamente valorizados que constroem o produto e tomam as decisões; do outro lado estão todos os outros. Essa divisão surgiu devido à tendência do capital de manter os meios de produção por perto, enquanto externaliza outros empregos tanto quanto o mercado pode suportar. Para corrigir isso, vários caminhos precisam ser abordados.

A primeira questão vai além da indústria tecnológica: os trabalhadores precisam de mais poder. Precisam de um salário-mínimo mais alto e de aumentos que pelo menos acompanhem a inflação. Precisam de cuidados de saúde universais e de subsídios de desemprego para que possam abandonar qualquer trabalho que seja explorador, tóxico ou imoral. Precisam de sindicatos que os protejam como trabalhadores, para que possam denunciar casos de prevaricação corporativa e organizar-se em torno de melhores condições de trabalho. Os trabalhadores imigrantes precisam de regimes de imigração mais brandos para que possam organizar-se ou mudar de emprego sem ficarem inteiramente dependentes do apoio de seu empregador. E enquanto existirem conselhos de administração, precisarão de assentos neles, de preferência vários, por meio de representantes eleitos democraticamente.

A segunda questão tem a ver com a desigualdade de rendimentos. Isso é especialmente premente na indústria da tecnologia, em que a diferença entre o que ganha um CEO e o que recebe um trabalhador na faixa salarial mais baixa da folha de pagamento pode ser enorme – entre as grandes empresas dos Estados Unidos, essa razão é normalmente de várias centenas.[117]

---

[117] Ver, por exemplo: Campbell, Alexia Fernández. "CEOs Made 287 Times More Money Last Year Than Their Workers Did". *Vox*,

Uma forma de resolver essa questão é vinculando a remuneração total do CEO à de seus trabalhadores com salários mais baixos e instituindo um salário máximo baseado no salário mais baixo, incluindo trabalhadores que são classificados como prestadores de serviços independentes em vez de empregados. Essa razão salarial entre máximo e mínimo poderia começar elevada para refletir a realidade existente e diminuir tão rapidamente quanto a paisagem permitir.

Uma peculiaridade específica da indústria da tecnologia é que os trabalhadores em funções não gerenciais muitas vezes têm acesso a remunerações inesperadamente elevadas, a maior parte delas através de concessões de ações. Mas as ações são normalmente distribuídas de forma altamente desigual entre os trabalhadores e, a partir de certo ponto, isso se transforma em uma clara ineficiência econômica. Isso poderia ser resolvido pela redução do salário máximo para um montante mais razoável, assegurando ao mesmo tempo uma distribuição mais equitativa de ações ou, para empresas com financiamento público, eliminando totalmente as concessões de ações aos empregados. E para funções técnicas, a transparência salarial pública baseada em faixas de salário de conhecimento público seria útil para minimizar a discriminação, idealmente coordenada através de negociações em todo o setor e em locais específicos.

No entanto, minimizar a variação dos rendimentos em um local de trabalho pode sair pela culatra se apenas direcionar o dinheiro para os acionistas, e não para os trabalhadores. Esses esforços teriam de ser acompanhados de outras abordagens para evitar que o capital colhesse os frutos. As empresas com lucros excessivos acumulados através de aluguéis devem ser consideradas alvos de nacionalização. Caso contrário, deve-

26 jun. 2019. Disponível em: https://www.vox.com/policy-and-politics/2019/6/26/18744304/ceo-pay-ratio-disclosure-2018.

riam ter de baixar os preços, aumentar as despesas em P&D[118] e/ou aumentar os salários; o resto poderia ser tributado. E um imposto rigoroso sobre a riqueza também seria útil, uma vez que aqueles com uma elevada quantidade de dinheiro guardado podem obter rendimentos passivos exclusivamente através de investimentos. O efeito global seria uma distribuição mais justa da riqueza: padrões de vida mais elevados para aqueles que atualmente se encontram na base, conseguido através da redução do poder excessivo dos ultrarricos.

A terceira questão tem a ver com a força de trabalho terceirizada de empresas de tecnologia, algumas das quais superam a força de trabalho correspondente em tempo integral. Aqueles que trabalham em tempo integral devem ter um caminho claro para a conversão ao emprego legal; aqueles que optarem por não integralizar o trabalho devem receber um salário líquido por hora mais elevado do que os funcionários, uma vez que não recebem benefícios. E quando se trata de trabalhadores temporários que não querem ser empregados em tempo integral, eles deveriam ter maior controle sobre quais empregos assumir – sem ameaças de desativação se eles faltarem a muitos trabalhos e sem empregos especificamente escolhidos para fazê-los trabalhar por mais tempo. Deveriam ter maior capacidade de negociar salários, individual e coletivamente, e deveria haver um processo mais transparente e favorável aos trabalhadores para a resolução de litígios com a empresa.

A quarta questão envolve o controle sobre a tecnologia utilizada no local de trabalho. A *gig economy* pode ser a expressão mais pura do software como meio de alargar o poder do capital sobre o trabalho, mas esse fenômeno também está presente em outras indústrias. *Fast-food*, hotéis, fábricas – qualquer impulso no sentido da automatização sob o capitalismo é conduzido

---

[118] Pesquisa & Desenvolvimento. (N.T.)

pelo desejo de poupar dinheiro, mesmo que isso signifique estressar os funcionários e transferir o trabalho para clientes insatisfeitos. No sentido inverso, os trabalhadores precisam de mais controle sobre a forma como a tecnologia é desenvolvida. Esta nunca deve ser simplesmente imposta a eles para ajudar seu empregador a extrair mais-valia de seu trabalho; a tecnologia deveria conceder autonomia aos trabalhadores e seu objetivo deveria ser melhorar a vida deles. Os trabalhadores precisam ter voz no desenvolvimento de qualquer nova tecnologia a ser introduzida no local de trabalho e devem estar ativamente envolvidos em sua concepção, a fim de garantir que se adapte a suas próprias necessidades. A tecnologia que atende apenas às necessidades da gestão, e não dos trabalhadores, não deveria ser implantada de forma alguma.

A última questão envolve mudar a forma como o desenvolvimento de software é feito. À medida que a tecnologia ganha um papel cada vez mais crucial na sociedade, precisamos de softwares rigorosamente avaliados, que possam resistir a auditorias, escritos por pessoas qualificadas para os escrever. A engenharia de software poderia ser licenciada, de forma análoga a como médicos ou advogados são licenciados, começando com funções que poderiam apresentar as maiores desvantagens se mal executadas. Isso ajudaria a impor padrões mínimos de qualidade de código, o que é especialmente importante quando se trata de privacidade e segurança do usuário. Esse processo de licenciamento também poderia vir com a versão do juramento de Hipócrates específica para softwares, que serviria como uma base ética para denúncias. Isso seria promulgado através da recusa de governos e outras organizações em adquirir software de empresas sem engenheiros certificados em determinadas funções, ou de legislação que proíba empresas acima de um determinado número de funcionários ou com receitas da contratação de engenheiros não certificados. E para garantir que essa não seja uma política regressiva que bloqueie os aspirantes a engenheiros, a formação deve ser disponibilizada gratuitamente e acompanhada de uma bolsa de estudos.

A longo prazo, uma visão interessante é o modelo de sala de contratação, como aquele que a International Longshore and Warehouse Union[119] organizou no passado.[120] Isso exigiria uma forma diferente de desenvolver tecnologia, com o conhecimento retornando para a comunidade em vez de ser preso dentro de uma empresa. As pessoas trabalhariam em um projeto de cada vez e depois voltariam para a sala de contratação para o próximo projeto. Um efeito cultural benéfico seria reafirmar que a lealdade dos trabalhadores deveria ser para com sua classe, e não para com seu empregador.

Em última análise, o objetivo de recuperar o trabalho do capital é criar uma visão radicalmente diferente do trabalho. Em vez do sistema atual que governa através de incentivos financeiros excessivos para uns poucos selecionados e da coerção para todos os outros, o trabalho poderia ser reformulado como um esforço mais democrático através do qual criamos coletivamente as coisas que queremos na sociedade. Isso poderia significar mais cooperativas de trabalhadores, sindicatos mais fortes e maior contribuição pública na estratégia industrial, em linha com as propostas do Partido Trabalhista do Reino Unido para a propriedade pública democrática.[121]

---

[119] Sindicato Internacional dos Estivadores e Trabalhadores em Armazéns. (N.T.)

[120] Para mais informações, ver esta página em FoundSF: http://www.foundsf.org/index.php?title=The_Hiring_Hall.

[121] Ver: "Labour Party Consultation Paper: Democratic Public Ownership". Disponível em: https://labour.org.uk/wp-content/uploads/2018/09/Democratic-public-ownership-consulation.pdf.

3. Recuperar os serviços públicos

Um fator importante subjacente ao sucesso de muitas empresas de tecnologia é o fenômeno de fundo da privatização em muitas partes do mundo. Assim, todo um panorama de setores que *poderiam* ter sido serviços públicos é, em vez disso, presa fácil para as empresas de tecnologia: saúde, educação, bancos, mobilidade, comunidade e habitação, para citar alguns. Para reverter essa situação, precisamos extirpar o capital e restaurar a propriedade pública. O modelo de Serviços Básicos Universais, proposto pelo Instituto de Prosperidade Global da University College London em 2017, poderia ser um quadro sólido para começar, embora devêssemos ir além da amplitude e extensão das sugestões do relatório.[122]

Isso significa um sistema de saúde universal. Significa um ensino primário e secundário mais bem financiado e um ensino pós-secundário gratuito, com cursos orientados para o florescimento humano, em vez de apenas satisfazerem as competências necessárias para as empresas existentes. Significa serviços bancários públicos, junto com salários mais elevados e custos mais baixos de bens básicos para reduzir a necessidade de instrumentos financeiros exploradores, como empréstimos consignados.

A mobilidade, em particular, precisa ser recuperada das startups apoiadas por capital de risco. Tomemos como exemplo os patinetes elétricos: em vez de cinco empresas de tecnologia diferentes largando patinetes indiscriminadamente pelas ruas

---

[122] O relatório original pode ser encontrado em: //www.ucl.ac.uk/bartlett/igp/sites/bartlett/files/universal_basic_services_-_the_institute_for_global_prosperity_.pdf. Para uma crítica das limitações do relatório, ver: Blakeley, Grace. "Universal Basic Services Won't Fix Our Economy". *New Socialist*, 8 fev. 2018. Disponível em: https://newsocialist.org.uk/universal-basic-services-wont-fix-our-economy/.

com o mínimo de supervisão pública, imagine um sistema que seja de propriedade municipal e gratuito no ponto de utilização.[123] Da mesma forma, os aplicativos de transporte compartilhado poderiam fazer parte de sistemas de transporte locais – financiados publicamente, posicionados como uma alternativa pouco frequente ao transporte público, com motoristas bem remunerados e sindicalizados.

Quando se trata de comunidade, em vez de WeWorks em todos os lugares, imagine espaços públicos mais bem financiados, como bibliotecas ou centros comunitários, livres das restrições da lógica da mercadoria. E deveríamos ter um controle mais democrático sobre as plataformas on-line em que passamos tanto tempo, através da propriedade dos usuários, da propriedade estatal, de uma regulamentação mais forte ou da descentralização. O modelo British Digital Cooperative, proposto por Dan Hind para o grupo de reflexão Common Wealth, oferece uma alternativa útil a nosso atual cenário de meios de comunicação digitais, orientado para o lucro, e criaria um ecossistema mais saudável e mais democrático por meio da propriedade pública de plataformas de meios de comunicação.[124]

Por fim, a habitação deveria ser vista como um direito humano e, portanto, fornecida como um bem público. A habitação social deve tornar-se a norma e os governos locais devem recuperar progressivamente o parque habitacional de mãos privadas, ao mesmo tempo que constroem mais, se necessário. Em simultâneo, os proprietários privados devem ter seu poder restringido, com controles de aluguéis rigorosos (incluindo limi-

---

[123] Para ler o caso dos patinetes elétricos como um serviço público, ver: Marx, Paris. "Privately Owned Scooter Companies Don't Have a Future". *Jacobin*, 29 jul. 2019. Disponível em: https://www.jacobinmag.com/2019/07/e-scooters-bird-lime-uber-venture-capital.

[124] Ver: https://common-wealth.co.uk/bdc.html.

tes máximos de aluguel), para que ninguém precise alugar sua residência principal no Airbnb simplesmente para pagar seus financiamentos, e para que os proprietários de múltiplas unidades não possam colher rendas excedentes fazendo o mesmo.[125]

Acima de tudo, o objetivo do financiamento público deveria ser dissociar o financiamento do serviço. O foco atual do Vale do Silício é a distribuição de recursos em um regime de escassez, e qualquer sucesso que tenha alcançado nessa área veio às custas de uma concentração de riqueza altamente ineficiente. Em vez disso, deveríamos gerir os recursos com o objetivo de satisfazer as necessidades humanas, criando ou reorientando as estruturas necessárias para atingir esse objetivo. Não deveria ser necessário cobrar por bens ou serviços básicos no ponto de utilização – qualquer coisa que seja socialmente valiosa poderia ser financiada através de impostos progressivos. Além disso, aumentar o número de serviços públicos gratuitos é uma forma de enfrentar o capital no terreno cultural, porque desafia o princípio ideológico central do capitalismo: a ideia de que se deve pagar por tudo o que se utiliza. O resultado da expansão dos serviços públicos é diminuir a importância do dinheiro, reduzindo o número de saídas para ele, melhorando assim a qualidade de vida daqueles que têm menos.

---

[125] Ver, por exemplo: Zoepf, Katherine. "The Unspeakable Cost of Parenthood". *The New York Times*, 27 ago. 2019. Disponível em: https://parenting.nytimes.com/work-money/parents-money-stress. Por alguma razão desconhecida, a equipe de políticas públicas do Airbnb decidiu que esta história refletia bem na empresa (em vez de ser uma acusação horrível ao cenário habitacional atual) e pagou para promover o artigo por meio de sua conta @AirbnbCitizen em: https://twitter.com/AirbnbCitizen/status/1172272152449626114.

4. Recuperar a propriedade intelectual

O domínio do capital sobre a propriedade intelectual é fundamental para a forma como a indústria da tecnologia evoluiu para o que é hoje. Reverter essa situação exige a anulação das leis de propriedade intelectual que favorecem as empresas: reduzir a duração dos direitos autorais e das patentes, estreitar o âmbito do que pode ser considerado patenteável, permitir uma utilização mais justa para utilização com fins não lucrativos. As patentes raramente devem ser concedidas a empresas privadas – apenas quando não existe uma entidade pública ou sem fins lucrativos adequada que possa utilizá-las – e não devem ser negociáveis de forma privada para efeitos de trollagem com patentes.

Os segredos comerciais são outra forma de propriedade intelectual e sua prevalência deve ser reduzida sempre que for relevante para o interesse público. Consideremos o caso da tecnologia de automóveis autônomos, objeto de uma recente disputa de segredos comerciais entre Google e Uber. O Google pode argumentar que a tecnologia de seus carros autônomos é propriedade privada e, portanto, se um ex-funcionário compartilhar essa tecnologia com um concorrente seria um roubo.[126] E, no entanto, se a tecnologia for realmente tão útil para a sociedade quanto o Google afirma, então serviria melhor ao interesse público se ela pertencesse e fosse desenvolvida por uma instituição responsável perante o público. Na mesma linha, as empresas de serviços públicos foram sujeitas a aquisições públicas no passado, com base no fato de os seus produtos deverem ser considerados parte dos bens comuns, independentemente de quanto

---

[126] Ver: Hawkins, Andrew J. "Ex-Google and Uber Engineer Anthony Levandowski Charged with Trade Secret Theft". *The Verge*, 27 ago. 2019. Disponível em: https://www.theverge.com/2019/8/27/20835368/google-uber-engineer-trade-theft-secrets-anthony-levandowski-charged.

lhes custou desenvolver a tecnologia.[127] O interesse público deve triunfar sobre as preocupações de investimento privado.

O sistema de pesquisa do Google é outro exemplo de segredo comercial que deve ser considerado propriedade pública, pois faz parte de um bem comum da sociedade.[128] Afinal, o Google não criou o conteúdo que ele indexa; apenas organiza-o de acordo com vários cálculos matemáticos. E, claro, a fórmula final pode ser complexa e exigir muito esforço de engenharia para chegar lá, mas isso não significa que o Google deva ser capaz de trancá-la e extrair todo o seu valor – especialmente porque alguns dos primeiros trabalhos de engenharia foram financiados através de subsídios públicos.[129] O índice e todos os algoritmos que a empresa produz devem ser tratados como um bem comum, o Google poderia ser licenciado para operá-lo em função do benefício público, mas deveria tornar seus termos públicos, e os termos deveriam ser contestáveis.

Eventualmente, todas as empresas privadas que utilizam tecnologia proprietária deverão ter de lançá-la sob uma licença

---

[127] Ver: Bollier, David. "Reclaiming the Commons". *Boston Review*, 1º jun. 2002. Disponível em: http://bostonreview.net/forum/david-bollier-reclaiming-commons. Para um ensaio que compara os gigantes da tecnologia de hoje aos operadores ferroviários privados estadunidenses em meados do século XIX, ver: Banks, David A. "Union Station". *Real Life*, 3 set. 2019. Disponível em: https://reallifemag.com/union-station/.

[128] Para um argumento convincente nesse sentido, ver: Epstein, Robert. "To Break Google's Monopoly on Search, Make Its Index Public". *Bloomberg Businessweek*, 15 jul. 2019. Disponível em: https://www.bloomberg.com/news/articles/2019-07-15/to-break-google-s-monopoly-on-search-make-its-index-public.

[129] A pesquisa do rastreador da web que levou à fundação do Google foi financiada por doações da National Science Foundation. Ver: https://www.nsf.gov/discoveries/disc_summ.jsp?cntn_id=100660.

aberta, embora possa haver um atraso entre a implementação e a publicação do código-fonte, e a prioridade deverá ser as empresas com maior receita ou usuários. Para além de enfraquecer o poder empresarial, isso também teria o efeito de encorajar a inovação; juntamente aos esforços para aumentar a habilidade das pessoas com informática, isso daria aos usuários finais mais controle sobre a tecnologia que utilizam. Uma versão mais suave disso, que poderia ser útil como um passo de transição, poderia ser a obrigatoriedade de uma API aberta para empresas em áreas lotadas de concorrentes, para que sua propriedade intelectual se torne essencialmente comoditizada – algo que já está acontecendo com a legislação que visa aplicativos de patinetes elétricos em Washington, DC.[130]

As empresas que optem por não tornar seu código publicamente visível e contestável devem ser responsabilizadas por qualquer dano causado, mesmo que indiretamente. Nos Estados Unidos, uma alteração à Secção 230 da Lei de Decência das Comunicações de 1996 poderia tornar as plataformas que apresentam conteúdo gerado pelo usuário responsáveis por qualquer conteúdo explicitamente promovido em um sistema de recomendações.[131] Isso seria bem relevante para as recomendações do YouTube, que têm sido criticadas por serem portas de entrada para conteúdo extremista.[132] O equivalente à Lei de Acesso à Informação [FOIA, Freedom of Information Act, em inglês] para empresas privadas acima de um determinado ta-

[130] Ver: https://medium.com/transit-app/welcome-to-scootopia-we-now-aggregate-all-electric-scooters-c31c7337d5e6.

[131] Me deparei com esta sugestão em uma entrevista com Aza Raskin, cofundador do Center for Humane Technology, na edição 20 da *Offscreen*.

[132] Ver, por exemplo: Roose, Kevin. "The Making of a YouTube Radical". *The New York Times*, 8 jun. 2019. Disponível em: https://www.nytimes.com/interactive/2019/06/08/technology/youtube-radical.html.

manho também seria útil, para que as decisões internas sobre produtos ou estratégias corporativas sejam arquivadas e acessíveis mediante solicitação.

A portabilidade de dados é outra via importante para combater o domínio das empresas sobre a propriedade intelectual. Os dados gerados ou criados pelos usuários são, no regime atual, tratados como se pertencessem à empresa que os capturou, e essa realidade se reflete nas avaliações de empresas em que os dados dos usuários são valorizados como um ativo. Em vez disso, deveríamos ver os dados como pertencentes às pessoas que os criaram e ao público em geral. Um exemplo de ações tomadas nesse sentido é a cidade de Barcelona, sob a direção da CTO Francesca Bria, que modificou seus padrões de aquisição para impor a propriedade pública dos dados no âmbito de contratos privados.[133] Os dados atualmente capturados por empresas de compartilhamento de viagens, de patinetes elétricos ou de habitação devem ser anonimamente agregados para uso dos planejadores urbanos, e quaisquer dados pessoais devem ser facilmente transportáveis para exportação a outra plataforma. Esse último também teria o efeito de aumentar a mobilidade dos trabalhadores entre plataformas da *gig economy*.

Acima de tudo, em vez de a tecnologia ser propriedade privada e desenvolvida em segredo por múltiplos concorrentes, deveríamos ter como objetivo protocolos mais abertos e serviços descentralizados. O desenvolvimento secreto faz sentido para pequenas entidades que trabalham em tecnologia que ainda não foi demonstrada ser do interesse público, mas quando uma forma de tecnologia estiver suficientemente madura, de-

---

[133] Ver: Graham, Thomas. "Barcelona is Leading the Fightback Against Smart City Surveillance". *WIRED*, 18 maio 2018. Disponível em: https://www.wired.co.uk/article/barcelona-decidim-ada-colau-francesca-bria-decode.

veria existir uma norma pública, com supervisão democrática e colaboração aberta, em vez de competição secreta. A tecnologia deve ser desenvolvida principalmente fora dos limites das organizações com fins lucrativos pertencentes aos acionistas; em vez disso, deveria ser desenvolvida em cooperativas de trabalhadores, agências governamentais como o Serviço Digital do Governo do Reino Unido, laboratórios de investigação financiados publicamente, organizações sem fins lucrativos e projetos de código aberto apoiados com dinheiro estatal. Os produtos resultantes devem ser lançados sob licença aberta sempre que possível.

Para produtos e serviços onde a concorrência significativa é importante, a alavanca da reforma da propriedade intelectual oferece uma alternativa aos esforços antitruste para desmembrar empresas de tecnologia, que teriam um sucesso limitado na restauração da concorrência devido à acumulação de propriedade intelectual e aos elevados custos de startups no setor. Em vez de desmembrar as empresas horizontalmente, desfazendo aquisições – como foi proposto pela senadora estadunidense Elizabeth Warren –,[134] seu poder poderia ser desafiado verticalmente, através da remoção de seu controle sobre a propriedade intelectual. Isso essencialmente reduziria seu poder, de baixo para cima. Quando um produto ganha força suficiente, deve ser desagregado em uma série de protocolos e padrões abertos para permitir implementações alternativas, análogas à forma como os navegadores são desenvolvidos até hoje (embora sem o correspondente domínio corporativo[135]). Deve também haver uma

---

134 Ver detalhes do plano: Warren, Elizabeth. "Here's How We Can Break Up Big Tech". *Medium*, 8 mar. 2019. Disponível em: https://medium.com/@teamwarren/heres-how-we-can-break-up-big-tech-9ad9e0da324c.

135 Embora os protocolos subjacentes sejam abertos e embora os

elevada portabilidade de dados pessoais, bem como de códigos e outros dados divulgados publicamente, para que os concorrentes possam ser construídos sem duplicação de trabalho.

5. Retomar a cultura

Finalmente, a coisa mais nebulosa para ser retomada do capital: a cultura.

A publicidade é um componente-chave do controle do capital sobre a cultura. Quando as empresas adicionam seus nomes a arenas esportivas, ou incorporam seus comerciais como anúncios no YouTube, ou pagam para seus produtos aparecerem em programas de televisão, é uma tentativa de garantir que o capital seja inseparável de qualquer tipo de espaço social ou cultural.[136] Você não consegue desfrutar de nada sem ser lembrado de que essas empresas existem e gostariam que você comprasse seus produtos.

Quaisquer que sejam os benefícios líquidos que o modelo publicitário possa ter tido no passado, estamos agora em uma situação em que a lógica da mercadoria saiu dos trilhos, gerando

---

navegadores normalmente dependam de tecnologia de código aberto, a maior parte do uso dos navegadores está sob a alçada de empresas privadas que são capazes de construir fossos por meio de integrações com seus outros produtos. Somente o navegador Chrome, do Google, controla mais da metade de todo o uso de navegadores; o Safari, da Apple, é o concorrente mais próximo. Para uma análise dessa situação, ver: Limer, Eric. "Google Chrome Is Poised to Swallow the Whole Internet". *Popular Mechanics*, 4 dez. 2018. Disponível em: https://www.popularmechanics.com/technology/infrastructure/a25400060/report-microsoft-kills-edge-google-chrome/.

[136] Para saber mais sobre isso, ver a postagem do blogue *k-punk*, de Mark Fisher, sobre os Jogos Olímpicos de Londres 2012. Disponível em: http://k-punk.abstractdynamics.org/archives/011918.html.

imperativos não relacionados ao bem-estar social ao bem-estar social. A onipresença dos vetores de publicidade e a tentação de criar produtos que não atendam às necessidades sociais combinaram-se para conceber um mundo onde a demanda por bens desnecessários é inflada por meio de imensos gastos com publicidade – dinheiro que poderia ser gasto em uma produção cultural mais significativa do que um anúncio de Coca Diet. Um sistema econômico que consagra a primazia da venda de mercadorias só pode levar à superlotação dos aterros sanitários e à retirada de recursos da terra mais rapidamente do que podem ser reabastecidos.

Deveríamos encarar a publicidade como uma distorção do mercado e encontrar formas de a limitar em algum grau. A publicidade já está regulamentada até certo ponto: existem agências governamentais para policiar falsidades no marketing e existem restrições à publicidade de determinados produtos, como tabaco ou jogos de azar. Esse regulamento poderia ser alargado para limitar as despesas com publicidade de bens produzidos através de práticas laborais exploradoras ou de impacto ambiental insustentável. Isso não exige o fim da informação sobre mercadorias – a lacuna poderia ser preenchida com pesquisas de consumo mais bem financiadas e jornalismo independente, como alternativa às invenções inverificáveis e deliberadamente manipulativas da publicidade. Tal como os ideais democráticos são subvertidos se os ricos forem capazes de comprar votos na arena política, também os supostos objetivos do mercado serão subvertidos se as empresas forem capazes de comprar efetivamente clientes. Enquanto o mercado for uma via importante para expressar os desejos dos consumidores, os consumidores devem obter as informações de que necessitam para tomar decisões informadas *sem* a influência indevida de departamentos de marketing bem financiados.

Do lado da oferta, poderiam ser tomadas medidas para reduzir drasticamente os canais disponíveis para anúncios veiculados por empresas com fins lucrativos. Isso poderia ser feito proibindo completamente as formas mais intrusivas ou dúbias de publicidade – anúncios antes de vídeos, anúncios de vídeo em tela cheia nos dispositivos móveis, publicidade nativa – ou pelo menos tornando-as uma opção configurável pelo usuário diretamente no produto, em vez da corrida armamentista de softwares externos de bloqueio de anúncios que temos hoje.[137] A publicidade direcionada que utiliza dados pessoais ou históricos de navegação deve ser bastante restrita em termos de precisão e, quando se trata de mensagens políticas, deve ser uma questão de registro público. Ao mesmo tempo, as plataformas de comunicação social apoiadas por publicidade que enfrentariam dificuldades financeiras com menos receitas publicitárias deveriam ser apoiadas através de financiamento público democrático, na linha das propostas recentes do Partido Trabalhista do Reino Unido em conjunto com a Coligação para a Reforma dos Meios de Comunicação Social.[138]

Para além da publicidade, muitos problemas de controle da cultura pelo capital poderiam ser resolvidos através de uma combinação de leis de propriedade intelectual mais flexíveis, direitos mais fortes dos trabalhadores e mais serviços públicos. A indústria dos games tem sido criticada ultimamente por práticas de exploração, tanto contra os trabalhadores como contra os clientes; para resolver essa questão, os trabalhadores precisam de mais controle sobre o que é construído e como o

---

[137] Ver, por exemplo: Baraniuk, Chris. "Where Will the Ad versus Ad Blocker Arms Race End?" *Scientific American*, 31 maio 2018. Disponível em: https://www.scientificamerican.com/article/where-will-the-ad-versus-ad-blocker-arms-race-end/.

[138] Ver: Mills, Tom; Hind, Dan; Watkins, Leo. "Building a Socialist Media System". *New Socialist*, 18 set. 2019. Disponível em: https://newsocialist.org.uk/building-socialist-media-system/.

constroem, o que poderia ser alcançado através de sindicatos fortes,[139] bem como de cooperativas de trabalhadores.[140] Prazos de direitos autorais mais curtos impediriam a monopolização criativa sobre tesouros culturais – algo que vimos, por exemplo, com a Disney atingindo níveis multimilionários graças, em parte, a seu lobby estratégico para alargar os termos dos direitos autorais. E, finalmente, em vez de um cenário fervilhante de empresas que oferecem acesso a filmes, televisão e música por uma taxa mensal – e recebendo uma enorme parte dos lucros –, poderíamos democratizar tanto a produção como o consumo, com melhor financiamento público para apoiar empreendimentos artísticos, e contar com bibliotecas amplamente expandidas (físicas e eletrônicas) para desmercantilizar o acesso.

---

[139] Ver: Colwill, Tim. "Game Developers Need to Unionize". *Polygon*, 16 jan. 2019. Disponível em: https://www.polygon.com/2019/1/16/18178332/game-developer-union-crunch.

[140] Como exemplo, ver o estúdio de jogos francês Motion Twin, que se descreve como uma cooperativa anarco-sindical de trabalhadores.

EPÍLOGO

Ao crescer, passei lentamente pelo processo de perceber que todas as coisas que as pessoas diziam ser naturais, ou seja, as coisas que diziam que seriam sempre assim – não eram nada naturais. Essas coisas podiam mudar e, mais importante ainda, eram coisas que estavam erradas e que deveriam mudar. Quando percebi isso, não tinha mais como voltar atrás.

Aaron Swartz, programador de computadores e ativista político que foi processado pelo governo dos Estados Unidos em 2011 por baixar sistematicamente revistas acadêmicas em protesto contra restrições à propriedade intelectual; em 2013, ele tirou a própria vida.[141]

E agora? Nada do que sugeri no capítulo anterior será fácil, e o arco geral exigirá a coordenação de muitos atores empurrando na mesma direção. E é pouco provável que seja alcançável de uma só vez, em um ato revolucionário de abolição; a utopia só pode ser construída a partir de onde estamos agora. A parte difícil é descobrir como chegar lá sem provocar reações adversas, trabalhando com o mundo tal como ele existe. O progresso poderá ser lento e o que vier a seguir não será perfeito, mas o

---

[141] A citação foi transcrita de uma entrevista em vídeo com Ruairí McKiernan, publicada em 12 de janeiro de 2010. Disponível em: https://www.ruairimckiernan.com/articles1/my-interview-with-internet-activist-aaron-swartz-1986-2013.

que temos agora também não é. Dar um passo para trás pode ser uma coisa boa se você estiver se movendo na direção errada.

O objetivo de abolir o Vale do Silício é recuperar nosso mundo das mãos do capital, o que significa diminuir o poder que o dinheiro detém sobre nossas vidas. Chegar lá exigiria desmercantilizar bens essenciais e, ao mesmo tempo, transformar radicalmente a forma como pensamos o trabalho – para que as pessoas trabalhem não porque precisam pagar as contas, mas porque querem fazer algo útil para outras pessoas.

É claro, sabe se esse objetivo é valioso é uma questão altamente contestada. Qualquer tentativa de desafiar o capital deverá esperar resistência. Diminuir seu poder significaria diminuir o poder daqueles que atualmente servem como seus agentes, e eles já se habituaram aos frutos desse poder; eles usarão todas as táticas formidáveis a sua disposição para manter seu controle ilegítimo. A mudança é conquistada através da luta, não apenas de ideias, e não será fácil. Em contrapartida, não fazer nada não é realmente uma alternativa quando isso significa definhar em um *status quo* podre.

Em certo sentido, abolir o Vale do Silício não é realmente possível – pelo menos não tão cedo. E, no entanto, o objetivo de fazer essa exigência é ilustrar que os sistemas que governam nosso mundo são *construídos* – são o produto de escolhas feitas por seres humanos que vieram antes de nós. As coisas nem sempre foram assim e nem precisam ser assim para sempre.

Na indústria da tecnologia, as tendências parecem estar caminhando na direção certa, e isso me dá esperança. Aqueles que estão entrando agora na indústria da tecnologia estão ingressando em um momento em que a tecnologia já perdeu um pouco de seu brilho, o que torna mais difícil tomar o Ki-suco sem reservas. Eles atingiram a maioridade em um mundo onde essa indústria não é mais a grande azarã, e isso muda o teor da conversa. O glamour acabou; os novos grupos parecem mais céticos quanto às reivindicações da indústria em relação ao bem maior, e mais preocupados com o impacto social.

À medida que a indústria cresce e a composição de sua força de trabalho muda para incluir aqueles que anteriormente eram excluídos, caminha-se para um acerto de contas. A vasta riqueza e o poder da indústria – sempre duvidosos para aqueles que olham de fora – estão sendo cada vez mais questionados por aqueles que estão dentro. O poder sem responsabilidade não é sustentável e haverá uma pressão para que a indústria utilize esse poder com sabedoria ou o abandone. Subornar trabalhadores da tecnologia com vantagens generosas só funciona até certo ponto; para aqueles que querem mais do que dinheiro, caminhos menos tradicionais parecerão atraentes, como o empreendedorismo social, as organizações sem fins lucrativos e as políticas públicas.

Muitos, no entanto, optarão por trabalhar para empresas com as quais nem sempre concordarão, e é desse grupo que retiro a maior esperança. Eles entrarão com os olhos bem abertos, menos inclinados a aceitar as mensagens de sua empresa pelo valor nominal e mais propensos a tratá-las apenas como um trabalho. O dinheiro não será suficiente para comprar sua lealdade – eles sabem de onde vem o dinheiro; eles conhecem os custos humanos disso. Como resultado, tratarão as condições do local de trabalho – as regras, as convenções, a distribuição de poder – não como estáticas e imóveis, mas como contingentes e abertas à transformação. Se organizarão com seus colegas para lutar por melhores condições e controle do local de trabalho, contrariando o poder da gestão vindo de cima com o poder unido vindo de baixo. Apoiarão políticos e grupos progressistas que defendem os trabalhadores e os inquilinos contra os baluartes do capital. E aprenderão com outras indústrias nas quais os trabalhadores se organizaram com sucesso, apesar das forças contrárias, e tomarão medidas em solidariedade a outros trabalhadores.

De certa forma, não é justo que recaia sobre os trabalhadores a responsabilidade de assumir os riscos necessários para implementar a mudança – e especialmente não sobre os recém-chegados à indústria, que poderão ter mais a perder. Não deveria ser sua responsabilidade garantir que sua empresa se comportasse de maneira ética. E, no entanto, não podemos simplesmente deixar essa tarefa crucial às pessoas que atualmente têm o poder de mudar as coisas, por mais elevadas que sejam suas declarações públicas sobre a garantia do futuro da humanidade. Aqueles que toleram a crueldade para com as pessoas que estão agora sob seu poder – os trabalhadores cujo trabalho incessante é responsável por todo o seu poder em primeiro lugar – já demonstraram que não pensam no melhor interesse dos outros. Certamente não são dignos de *mais* poder.

E assim a responsabilidade recai sobre aqueles que têm pouco poder individualmente, mas muito poder em conjunto. Qual é a alternativa quando aqueles que têm o poder de melhorar as coisas consideram que isso está fora do âmbito de sua descrição de trabalho? A atual configuração de poder foi o que nos colocou nesta confusão, em primeiro lugar, e o caminho a seguir consiste em perturbar esse equilíbrio de poder, a fim de o distribuir de novo.

Mesmo agora, depois de ter escrito este livro, ainda é difícil juntar as peças dos passos que me levaram de onde estava até onde estou agora. Talvez seja porque houve muitas partes móveis em minha jornada – não foi apenas uma epifania ou gatilho, mas sim uma série delas, motivadas pela observação do mundo a meu redor e pela compreensão de que minha visão de mundo não resistia mais ao escrutínio, primeiro gradualmente, e então tudo de uma vez. Era como se eu estivesse dirigindo um carro que estava com pouca gasolina e que, de repente, parou.

Eu costumava acreditar que o mundo era basicamente justo e, portanto, não tinha outra responsabilidade senão maximizar meu sucesso individual nele. Mas, em algum momento, comecei a ver todo o sistema como falho, insustentável e inaceitável. Tive que desaprender muito daquilo em que acreditava anteriormente, porque nada disso fazia mais sentido. Concentrar-se nas realizações individuais dentro do sistema já não parecia razoável quando parecia que a legitimidade desse sistema estava desmoronando.

Comecei esta jornada querendo entender os problemas que estava vendo na indústria da tecnologia. No final, descobri que quaisquer horrores que observei nessa indústria eram meramente produtos das contradições mais profundas do capitalismo. Sua insustentabilidade fundamental é anterior ao nascimento do semicondutor e seus problemas subjacentes estendem-se para muito além do alcance do Vale do Silício; eu simplesmente não os tinha notado antes, porque eles não *me* afetavam.

E isso não é algo fácil de aceitar. Não é agradável reconhecer a injustiça do sistema que você considerava natural e que, de qualquer forma, é o único sistema que você realmente conhece. Ainda sou um produto deste sistema; minhas crenças arraigadas, meu conjunto de habilidades e minha compreensão do sucesso pessoal são moldados pelo mundo em que cresci. Mesmo agora, quando estou começando a montar uma nova estrutura mental, é uma luta, não uma simples substituição. Sempre haverá uma parte de mim que seguirá os maus hábitos que aprendi no sistema atual. Mas não acredito mais nele e, por isso, escolho ouvir a parte de mim que anseia por algo melhor.

Ainda assim, não tenho certeza de como é isso e não posso culpar ninguém por escolher ficar com o que é familiar. Este livro não foi escrito a partir de um lugar de julgamento; não tenho interesse em envergonhar os que trabalham na indústria por seu papel nela. Todo mundo tem que trabalhar em algum lugar e, enquanto a estrutura for falha, será impossível evitar ser cúmplice de alguma forma. É claro que existem graus de cumplicidade e deveríamos escolher eticamente quando pudermos, mas apenas existir dentro do sistema significa aceitar algum grau de comprometimento. Em qualquer caso, cada um tem sua própria bússola moral e seu próprio ponto de ruptura.

Eu costumava sentir muita culpa por meu lugar no sistema, porque não conhecia outra forma de lidar com a crueldade sistêmica que via no mundo a meu redor. Era um tipo de culpa paralisante, que me fazia querer fechar o mundo e fugir para dentro, em busca de refúgio e expiação. Mas eu sabia que procurar refúgio não era uma solução e, eventualmente, essa culpa transformou-se em resolução – dessas que surgem, determinadas a mudar a situação que provocou a culpa em primeiro lugar. Não adianta lamentar sobre como as coisas deveriam ter sido; não podemos mudar o passado e talvez tenhamos que percorrer o caminho que percorremos para imaginar alternativas. O melhor que podemos fazer agora é olhar para frente e traçar um caminho para um futuro melhor.

Por muito tempo, estive inquieta sobre escrever este livro. Eu temia que as pessoas na indústria reagissem com desprezo, me classificando como uma SJW[142] delirante que estava apenas amarga por ter falhado: minha startup insignificante foi rejeitada pela Y Combinator e fechada, e agora eu estava projetando meu ressentimento ingênuo em toda a indústria; minha crítica

142 Social Justice Warrior, ou "guerreiro da justiça social", uma maneira pejorativa de se referir a pessoas com visões progressistas. (N.T.)

seria rejeitada como enraizada na inveja, não na razão. Por mais que eu veja agora os pontos cegos nesse tipo de raciocínio, a possibilidade disso ainda me perturba, porque em algum nível profundo é como eu me julgo.

E, sim, é verdade que se eu tivesse tido sucesso – se minha startup tivesse sido vendida por uma quantia exorbitante e eu tivesse subsequentemente me encontrado em um santuário confortável, capaz de ignorar o resto do mundo –, eu não teria escrito este livro. Eu teria continuado a engolir o raciocínio daqueles que acreditam que seu sucesso é merecido, descartando qualquer crítica aos termos de meu sucesso como motivada por ciúme. Não posso culpar aqueles que poderiam rejeitar minha crítica agora.

Mas não estou escrevendo este livro para eles. Eles podem continuar acreditando em quaisquer histórias egoístas que os poderosos sempre contam a si mesmos – e sussurrar para os acólitos sedentos de poder abaixo deles. O que pode fazer sentido para eles não é necessariamente o melhor para todos os outros. Este livro é destinado àqueles cuja crença começou a evaporar e que agora estão sedentos por uma narrativa que fale de sua desilusão. Escrevo para aqueles que atualmente não estão no poder, na esperança de que vejam o mundo de forma diferente e, a partir daí, façam parte de algo que nunca poderiam ter imaginado sozinhos.

A tragédia da condição humana é que vivemos em um mundo transmitido por aqueles que vieram antes de nós. Aprendemos isso através das placas de sinalização que eles deixaram para seguirmos e, portanto, nossos entendimentos iniciais são sempre falhos por razões fora de nosso controle.

É difícil fazer mudanças se considerarmos o mundo como um dado adquirido. E, no entanto, nós próprios fazemos parte deste mundo, moldados pelas mesmas forças que criticamos. Há um pouco do vilão dentro de todos nós também. Como podemos criar um mundo melhor, quando este é o único mundo que conhecemos?

Por mais pronta que eu esteja para lutar por um mundo melhor, de certa forma nem consigo imaginar um; não posso desaprender uma vida inteira de moldagem ideológica passiva da noite para o dia. Meus julgamentos instintivos cheiram à ideologia capitalista; internalizei a afirmação do capitalismo de que aqueles que ganham menos dinheiro são menos dignos e, portanto, merecem sofrer. Racionalmente, sei que isso é um absurdo, mas significa que não posso confiar totalmente em meus instintos, porque eles são mesquinhos e narcisistas.

Não encontrei nenhum guia sobre como lidar com isso. Cheguei aqui reunindo ideias que pareciam verdadeiras, seguindo um fio sedoso de compreensão entrelaçado com raios de acaso. Mesmo tendo desenvolvido novos axiomas para desalojar os antigos, não sei como me trocar por algo novo. Talvez eu sempre carregue pedaços de meu antigo eu, até mesmo as partes que odeio.

De certa forma, isso é libertador, porque alivia a pressão para sermos perfeitos. É impossível se transformar na pessoa perfeita da noite para o dia – a pessoa que é o sujeito certo para o mundo que você deseja criar. Afinal, você ainda não vive nesse mundo e é improvável que chegue lá tão cedo. Em vez disso, você pode focar no exterior, fazendo as mudanças estruturais necessárias para garantir que as pessoas que virão depois de você sejam pessoas melhores do que você, vivendo em um mundo melhor do que o que você vive agora.

Isso nos traz de volta ao início. O que significa abolir o Vale do Silício?

Verdade seja dita, o bordão começou como uma piada no Twitter, que adornou vários outros tipos de mídia antes de enfeitar a capa do livro que você está segurando agora. Suspeito que o slogan ressoou porque as pessoas estão zangadas, porque veem a ganância e o desperdício no Vale do Silício como a vanguarda dos problemas mais profundos do capitalismo. O capitalismo é uma doença e o mercenarismo do Vale do Silício é um sintoma mórbido, os dedos ficando pálidos. Não é a raiz dos problemas, e nem sequer é a origem de muitos problemas, mas amplia-os e torna-os cada vez mais difíceis de negar.

Abolir o Vale do Silício significa, portanto, ir além do paradigma falho do capitalismo. É irresponsável permitir que o desenvolvimento tecnológico seja impulsionado principalmente pelas necessidades do capital. Em vez disso, deveríamos religar as linhas de poder dentro da indústria, bem como na sociedade em geral; o objetivo deve ser o controle democrático sobre o desenvolvimento da tecnologia e uma distribuição equitativa de seus benefícios.

Do ponto de vista atual, em nossa paisagem árida de privatizações crescentes e de multimilionários no meio de uma pobreza arrepiante, a ideia de controle democrático sobre a tecnologia parece quase insuportavelmente distante. Uma névoa turva de realismo capitalista permeia, e a lógica sufocante da commodificação parece totalizante, eterna. No entanto, mesmo na escuridão de nossa distopia há vislumbres de esperança – vislumbres do mundo como poderia ser. Mesmo no próprio coração de Vale do Silício, as pessoas estão rejeitando o *status quo* e organizando-se para construir poder com o uso de qualquer alavanca que possam encontrar. À medida que esses bolsões de resistência crescem, alterarão o equilíbrio de poder, traçando uma saída para nossa atual conjuntura. O que antes parecia impossível logo se tornará inevitável, e talvez, afinal, acordemos deste pesadelo.

AGRADECIMENTOS

O primeiro agradecimento deve ser à Repeater Books, por dar vida a este livro. Tariq, ainda não sei o que fez você se arriscar comigo com o contrato de um livro, mesmo assim sou grata e estou feliz que o livro que acabei escrevendo refletisse tanto o livro que você tinha em mente. Agradeço também a Carl Neville por me recomendar inicialmente, a Josh Turner pela edição, a Rhian E. Jones pela revisão e ao restante da equipe da Repeater.

Em seguida, um enorme agradecimento a meus ex-cofundadores apresentados, aqui sob pseudônimo. Sou grata por ter tido a chance de construir algo do zero com vocês e aprendi muito com o tempo que passamos juntos, que foram alguns dos anos mais gratificantes de minha vida – mesmo que não tenha sido um passeio em águas tranquilas. Obrigado a todos por lerem este livro tão rapidamente e por seus comentários atenciosos. E para um cofundador em particular: serei eternamente grata por termos desviado para a esquerda ao mesmo tempo, mesmo que nossas trajetórias nos tenham levado a lugares diferentes. Eu não poderia ter chegado aqui sem você.

No pouco tempo que passei em Londres, tive a sorte de me envolver com vários grupos que foram fundamentais para minha transformação política. Sou grata a meus colegas editoriais do *New Socialist* e do *Notes From Below*, a meus colegas ativistas do London Young Labour e do Battersea Labour Party, e aos estudantes e professores do International Inequalities Institute, especialmente à minha orientadora de dissertação Bev Skeggs. Obrigada a todos por me mostrarem que existe um mundo fora da indústria da tecnologia – um mundo povoado por pessoas incríveis que perseguem objetivos dignos. Agradecimentos especiais à equipe editorial do *Notes From Below*, por fornecer estrutura e contexto a meu interesse incipiente na organização de trabalhadores de tecnologia, e a Marijam Didžgalvytė, por fazer a curadoria da questão tecnológica comigo.

Outra fonte importante de educação política foi o grupo de leitura que comecei em Londres no início de 2018. Obrigada a todos os participantes que contribuíram para as discussões e aos palestrantes que tiveram a gentileza de compartilhar seu trabalho com um grupo de estudantes da LSE (e outros) em um pub. Agradecimentos especiais aos palestrantes Grace Blakeley, David Madden, Will Stronge, Tom Mills, Nick Srnicek, Oonagh Ryder, David Adler, Amelia Horgan, Brett Scott, Jo Littler, Sahil Dutta e Richard Seymour, cujas palestras influenciaram os argumentos deste livro. E muito amor para Hettie O'Brien por dividir o comando quando percebi que era muito trabalho para uma pessoa só.

Um profundo agradecimento a todos os editores que me contrataram para escrever sobre política e tecnologia nos últimos anos, com alguns destaques em particular. Ben Tarnoff, você ajudou a transformar meus pensamentos incipientes sobre código aberto em um ensaio para a revista *Logic* do qual poderia me orgulhar, e seu feedback sobre este livro foi inestimável. Jamie Woodcock, você se arriscou comigo quando me pediu para escrever "Silicon Inquiry" para *Notes From Below*; o ensaio que se seguiu preparou o caminho para este livro, que também se beneficiou enormemente do seu feedback. Ronan Burtenshaw, você me encomendou um artigo com o mesmo título deste livro para a primeira edição do relançado *Tribune*; sua fé em mim é e sempre foi gratificante, e espero ser digna dela.

Falando de outras mídias com o mesmo título deste livro: obrigada a Riley Quinn, do podcast *Trashfuture* e Michael

Walker da *Novara Media*, que escolheram independentemente "Abolish Silicon Valley" [Abolir o Vale do Silício] como título dos episódios em que apareci como convidada nas suas respectivas plataformas. Obrigado também a todos que me entrevistaram para podcasts, especialmente Dan Hind e Tom Mills, da *MediaDemocracy*, Alex Doherty, da *Politics Theory Other*, e Mat Lawrence, ex-IPPR. E obrigado a Francesca Bria e Evgeny Morozov por me convidarem para falar no Simpósio DECODE 2018 em Barcelona.

Obrigada a qualquer pessoa que tenha desempenhado um papel na elaboração deste livro. Esta obra beneficiou-se enormemente das conversas com Abi Ramanan, Ares Geovanos, Gifford Hartman, Jesse Squires, Moira Weigel e Xavier Denis, cujas experiências e perspectivas influenciaram meu pensamento. Sou muito grata por aqueles que generosamente reservaram um tempo para ler um rascunho inicial, incluindo Agnes Nemeth, Andrew Kortina, Chandler Abraham, Chloe Lim, Danny Spitzberg, Jimmy Wu, Matt Dannenberg, Paris Marx, Saining Li e Shimmy Li. Kulsoom Jafri, embora nos conheçamos há apenas alguns anos, e mesmo que de alguma forma tenhamos acabado em continentes separados, você ainda é uma enorme fonte de luz na minha vida, e sua dedicação à causa nunca deixa de me inspirar.

Obrigado ao Tech Workers Coalition Writing Club por me fornecer um momento necessário para calar a boca e escrever com pessoas que pensam como eu, bem como ao capítulo de São Francisco do *Shut Up and Write!*, por fazer o mesmo de forma mais explícita nas manhãs de terça-feira na Missão. E obrigado à comunidade Telepath, Marc Bodnick e Tatiana Estévez em particular, por fornecerem um espaço seguro e atencioso no qual pude discutir as ideias que apareceram neste livro.

Um agradecimento estranho e ambivalente a Paul Graham, cujos ensaios uma vez me deram esperança de que haveria uma vida para mim depois do ensino médio e cujo acelerador de startups me deu coragem para embarcar em um caminho que definiria os próximos anos de minha vida. Obrigada também por continuar a partilhar suas opiniões sobre assuntos controversos, como sindicatos, desigualdade e mulheres na tecnologia, permitindo-me inadvertidamente perceber que o sucesso em uma área não se traduz necessariamente em sabedoria universal e que matar os seus heróis é uma parte importante de crescer. E, finalmente, obrigada por me inspirar involuntariamente a escrever minha primeira crítica tecnológica ao me bloquear no Twitter – o ensaio resultante claramente tocou a campainha de outras pessoas que foram bloqueadas por você, que ajudaram a se tornar viral, e as respostas esmagadoramente positivas me deram a confiança para continuar escrevendo. Este livro não poderia ter sido escrito sem você.

E, finalmente, um agradecimento inequívoco a minha outra metade: por aguentar minhas noites inteiras acordada e as pálpebras semicerradas durante as frenéticas últimas semanas em que escrevi este livro, e por tolerar minhas incessantes tiradas sobre a indústria de tecnologia, mesmo enquanto você embarcava no ônibus da empresa para ir a Menlo Park todos os dias para que pudéssemos continuar a ter seguro-saúde. Você me ensinou muito no pouco tempo que nos conhecemos e sou muito grata por ter você na minha vida, tanto como companheiro de vida quanto como fonte de inspiração política. Obrigada, Jason.

Este livro foi composto em Minion Pro, Antonio Thin
e Doctor Glich.